FELICÍSSIMO CARDOSO

SUCESSO FINANCEIRO

Como comprar o que deseja sem ficar no vermelho?

Como guardar dinheiro sem ser pão-duro $

São Paulo
2010

UNIVERSO DOS LIVROS

Diretor-Editorial
Luis Matos

Assistência-Editorial
Noele Rossi
Talita Gnidarchichi

Preparação
Adir de Lima

Revisão
Nathalia Ferrarezi

Projeto Gráfico
Fabiana Pedrozo

Diagramação
Stephanie Lin

Capa
Marcos Mazzei

Dados Internacionais de Catalogação na Publicação (CIP)
(Câmara Brasileira do Livro, SP, Brasil)

C268e Cardoso, Felicíssimo.

Sucesso financeiro / Felicíssimo Cardoso.
São Paulo: Universo dos Livros, 2010.
112 p.

ISBN 978-85-7930-166-7

1. Finanças pessoais. 2. Economia do lar.
I. Título.

CDD 640

Universo dos Livros Editora Ltda.
Rua Haddock Lobo, 347 – 12º andar – Cerqueira César
CEP 01414-001 • São Paulo/SP
Telefone: (11) 3217-2603 • Fax: (11) 3217-2616
www.universodoslivros.com.br
e-mail: editor@universodoslivros.com.br
Siga-nos no Twitter: @universodoslivros

Apresentação

A ideia de reunir nossos artigos publicados em diversos periódicos surgiu da vontade de atender às várias solicitações de se ter um guia prático, não só de dicas como de comportamento. Para isso, procuramos realizar uma ordenação pelos assuntos.

Introduzimos, também, um capítulo que trata exclusivamente de uma maneira de se operacionalizar tais reduções de gastos, bem como a apresentação de soluções alternativas para cada item de consumo. No mais, esperando que este trabalho supra eventuais lacunas e desejando que ao conceito estético e funcional se some o de custos, para que possamos, no nosso dia a dia, realizar todas aquelas coisas que elegemos como necessárias, porém de um modo funcional, bonito e com um custo acessível.

Ao colocar em prática as sugestões que fazemos ao longo deste livro, vale lembrar que seria prudente, nos casos de preços comparativos, que o leitor utilizasse como referência os valores da sua região. Em todo o caso, procurei trabalhar com as tabelas disponíveis mais atuais.

Felicíssimo Cardoso Neto

SUMÁRIO

Capítulo 1

Introdução e dicas genéricas para administração dos gastos do dia a dia

É possível administrar nossos gastos pessoais? Acho que sim, e, para isso, basta você pensar em sua casa como uma pequena empresa, fazendo a analogia e aplicando certos princípios administrativos válidos, seja qual for a escala de determinado negócio.

Para começar, você já deve ter ouvido falar por aí que economia se faz de grão em grão, ou seja, gasta-se menos um pouco aqui e um pouco ali.

Você também já deve ter ouvido falar que existem receitas de como economizar de uma maneira geral. Não se esqueça de apagar a luz quando sair da sala.

Mas a experiência indica que a economia de grão em grão, muito próxima da avareza, traz poucos resultados significativos. O mesmo pode se dizer das receitas de economia para todos. Você já pensou que aquela pessoa que foi aconselhada a apagar a luz para economizar, simplesmente mora em um hotel? Que economia ela fará então?

Se você quer realmente economizar, sua primeira providência será tomar consciência do seu "padrão de gasto". E o que vem a ser isto? Todos nós temos, mesmo inconscientemente, um comportamento repetitivo ao gastar. A maneira de como uma pessoa emprega seus recursos no consumo do tempo é sempre a mesma, porém, individualizada. Dificilmente duas pessoas têm um padrão de consumo idêntico. Muitas vezes, nossos hábitos de consumo nem sequer foram determinados por nós; talvez tenham sido herdados de nossos pais ou avós, assim como nós também poderemos influenciar os hábitos de nossos filhos. Você certamente deve conhecer aquela recém-esposa que levou para seu novo lar o hábito de preparar aquela carne assada aos domingos à semelhança do que ocorria na casa de seus pais.

Até os planejamentos de gastos feitos por empresas, sem levar em conta o seu passado, levam fatalmente à frustração de quem o fez ao verificar que, no final do período planejado, pouca coisa foi cumprida. Isto se deve à "força do hábito", que só pode ser vencida gradativamente, com muito esforço e com novos estímulos. No caso de se concluir que a carne assada, por exemplo, é um prato caro, sua substituição exigirá um prato que, embora mais barato traga os mesmos benefícios, quer do ponto de vista alimentício, quer da satisfação em si de saboreá-lo.

Para esta tomada de consciência, você deverá elaborar a sua matriz de custo (Mapa de Custo), que nada mais é que um instrumento para lhe informar onde você está gastando e em que proporção.

EXEMPLO DE UMA MATRIZ DE CUSTO

MATRIZ DE CUSTO		
GASTOS (MENSAL)	VALOR (R$)	PARTICIPAÇÃO
Alimentação	622,00	30%
Moradia (prestação, aluguel, condomínio)	483,78	24%
Transporte	207,32	10%
Educação	145,14	7%
Vestuário	69,10	3%
Energia	41,46	2%
Gás	20,72	1%
Telefone	69,10	3%
Empregada	165,86	8%
Diversão	186,60	9%
Saúde	62,20	3%
Total	2.073,28	100%

CUIDADOS NA ELABORAÇÃO DA MATRIZ DE CUSTO

Você pode trabalhar com gastos diários, semanais, mensais ou mesmo anuais. A sugestão é que você trabalhe com gastos mensais. Neste caso, os gastos típicos de determinado mês, tais como "compras de Natal", devem ser distribuídos por todos os meses, ou seja, divididos por doze. Se você tem o hábito de comprar roupas no dia do aniversário, por exemplo, o mesmo procedimento deve ser adotado.

O item "alimentação", por ser de peso e com divisões de gastos distintos, merece uma matriz à parte, separando os produtos. Exemplos: cereais, verduras, laticínios, carnes, bebidas, frutas etc.

Você agora não somente sabe como gasta, mas também onde; um esforço em termos de redução de custo que trará resultados satisfatórios.

A experiência demonstra que a receita de economia do tipo "aperta aqui, segura ali" é muito pequena em comparação ao direcionamento do poupar para o item mais expressivo. Portanto, não basta saber que o filé está caro e a cenoura está barata, o mais importante é saber em que quantidade está o alimento não consumido, pois o resultado da multiplicação do consumo pelo valor é o que nos dará a medida certa de nosso consumo. Você poderá até se surpreender ao saber que o maior gasto se encontra no consumo de cenouras.

No exemplo da matriz acima, uma redução de 50% no consumo de alimentos trará um ganho realmente significativo (0,50 x 30 = 15%). Já a mesma redução aplicada, digamos no item "educação", será de pouca valia (0,50 x 7 = 3,5%). Agora que você já sabe em qual item você deverá concentrar seus esforços no sentido de gastar menos, vamos ver como isto é possível. De um modo geral, você conhece quais as alternativas naturais com relação àquele item que identificou como o mais expressivo. Mas você deve somar alternativa a estas com o que se chama "discussão em grupo", que você pode fazer conversando com amigos que passaram pelo mesmo problema, colegas de trabalho, vizinhos etc. Este procedimento, no mínimo, economizará tempo, pois você terá soluções que, sozinho, poderia levar até dias para chegar.

Outra forma de obter ideias é a prática de *brainstorming*, que vem a ser uma livre associação de ideias que você vai listando em um pedaço de papel sem nenhuma crítica, *a priori* procurando desencavar ideias do subconsciente. Não despreze este último método, pois várias empresas o estão empregando com sucesso.

Você também tem de tomar cuidado com as alternativas interligadas, pois estas, ao contrário das eminentementes exclusivas, mexem com os outros itens de gastos. Se, por exemplo, o item que mais preocupava você é o de moradia, uma solução seria trocar seu apartamento, por exemplo, de três quartos por um de dois, no mesmo prédio, isto seria uma solução exclusiva. Agora, se você pretende se mudar para um apartamento mais modesto, em outro bairro, tem de pensar nas consequências que esta solução implicará no item de transporte. Isto seria uma solução interligada.

Para facilitar o seu trabalho, indicaremos algumas alternativas por item gastos, sem querer, porém, esgotar o assunto que, conforme já dissemos, é bastante individual; o que é economia para uma pessoa pode se tornar até gasto a mais para outra.

Alimentação

Sempre que possível, coma em casa. Está mais que provado que a alimentação fora, quer em restaurante ou mesmo lanchonete, por causa dos custos indiretos, tais como administração, tempo ocioso, lucro, ambiente etc., pode tornar a refeição de três a cinco vezes mais cara que a feita em casa.

É bom lembrar que, mesmo para aqueles momentos especiais, fazer refeições em casa é uma ótima opção. Você poderá comer com uma qualidade melhor e, conforme suas habilidades, nesse dia, dispensar a empregada, tornando a ocasião até mais acolhedora.

Dê preferência ao supermercado mais próximo, desde que este tenha a oferecer todas as qualidades de produtos de outros supermercados. Na verdade, a promoção de um supermercado com determinados produtos é compensada por outros produtos. Só na economia com tempo e transporte você estará economizando mais do que estas discutíveis ofertas.

Uma solução moderna para se ganhar tempo e dinheiro, visto que você poderá antecipar determinadas compras em razão de seu atual custo baixo, são os congelados. Porém você mesmo deverá congelar seus alimentos, ou contratar uma pessoa especializada, caso contrário, sairá tão caro quanto os alimentos tradicionais, se você comprá-los congelados.

Para quem aprecia a vida de bairro, as feiras livres são uma forma de economizar, pois dispensam intermediários. Procure fazer comparações de preço. Café em pó tradicional ou solúvel? Macarrão feito em casa ou massa pronta? Dependendo da variação de preços, às vezes compensa, por exemplo, usar leite em pó em lugar do tradicional.

Saia sempre às compras com uma lista já elaborada, isto poupará tempo quanto aos "esquecimentos" e também serve como proteção contra o *marketing* do supermercado, pois você só comprará o que estiver na lista, e não aquilo que será sugestionado a comprar. É importante você ter sua despensa, bem como a geladeira, arrumada com cada coisa em seu lugar. Isto facilitará o preenchimento da lista de compra, pois é só observar o lugar que ficou vazio.

Moradia

Se você é proprietário com apartamento financiado, pode renegociar sua dívida ou mesmo trocar por um imóvel menor no mesmo bairro. Se você é inquilino, poderá trocar por um imóvel mais modesto no mesmo bairro, ou mesmo procurar com mais atenção, pois poderá se deparar com um imóvel igual ou melhor que o seu e com aluguel mais barato. Isto se deve aos desvios de mercado causados pela prefixação dos aluguéis em função de dispositivos legais.

Você pode, em ambos os casos, proprietário ou inquilino, mudar-se para um bairro mais modesto, mas isto implicaria, talvez, um aumento de custo de transporte, levando-lhe a analisar ambas as alternativas. O custo do condomínio merece estudo especial na medida em que está provado que os nossos síndicos e administradores ainda não estão conscientizados que não vivemos uma época de crise, em que a antiga forma de administrar cedeu lugar a uma nova mentalidade em que, por exemplo, todos os gastos têm de ser justificados e não acontecer o corriqueiro, ou seja, o simples repasse aos moradores do custo anterior corrigido pela inflação.

Transporte

Além das soluções já conhecidas, do tipo quem anda de carro passar a andar de ônibus, quem anda de ônibus passar a andar de metrô etc., deve-se estudar com cuidado a proposta do transporte solidário, tomando cuidado com o já conhecido sistema, em que transporte solidário quer dizer andar no carro dos outros!

Evite:

- A evaporação do combustível, abastecendo seu carro à noite ou longe do sol e mantendo o tanque até, pelo menos, a metade.
- Acelerar o veículo quando parado.
- Fazer paradas desnecessárias, observando as condições de trânsito à frente.
- Conduzir cargas desnecessárias, pois o peso aumenta o consumo de combustível.
- Esticar as marchas e frear com violência.

E cuide de:

- Manter os pneus na calibragem máxima recomendada pelo fabricante.
- Dirigir com calma e pé leve.
- Acompanhar a velocidade média do tráfego.
- Usar ao máximo a 5ª marcha.
- Ao atingir a velocidade ideal, aliviar o pé do acelerador, sem perder a velocidade.
- Dirigir com os vidros o mais fechado que puder, para aproveitar ao máximo a aerodinâmica do veículo. A ventilação interna resolve o problema de embaçamento.

Lembre-se também:

- A introdução do hábito de motociclista, por exemplo, é bastante econômica.
- Sempre que possível, é melhor reformar o seu carro que comprar um novo. Se a troca for inevitável, é melhor trocá-lo por um já usado com, digamos, dois anos de uso, que um automóvel zero quilômetro.
- Com relação à manutenção de seu automóvel, perca um pouco de tempo acompanhando de perto a troca de óleo, o serviço de troca de peças etc., pois eu lhe garanto que o tempo de vida de seus veículos irá se estender.
- O transporte solidário – em que pessoas que moram e trabalham próximas reúnem-se e promovem um rodízio de caronas – é uma medida comunitária existente para economizar.
- Sempre que possível, utilize o mesmo posto de abastecimento, isto minimizará as chances de você ter um combustível adulterado, o que leva a um desgaste maior de seu carro, sem falar do prejuízo em si.
- Por fim, em cidades de alternativas de transportes diversos, como Rio e São Paulo, dê preferência ao metrô, não ao taxi. Você estará economizando além do dinheiro investido no veículo: no seguro, no imposto, no pedágio, nas multas etc.

Educação

Este é um item de difícil economia, pois é a partir dele que você poderá inclusive ganhar mais, que é uma ótima forma de baixar seus gastos relativamente. Os empresários sabem muito bem disso, o que explica seus grandes investimentos em treinamento.

Procure ser autodidata, comprando livros ou fazendo cursos por correspondência. Veja se o curso que você escolheu está de acordo com sua atual ou futura profissão. Já que você resolveu investir para cursar uma faculdade, ou mesmo um curso livre, leve a sério seu investimento, pois, se não fizer desta forma, é mais econômico ficar em casa. Procure conseguir bolsa de estudo, existem várias possibilidades para isto, é só você se informar com os órgãos responsáveis.

Se for professor ou trabalhar em empresa que possua programa de benefícios, talvez consiga reembolso com despesas de instrução ou mesmo possa cursar em instituições que mantenham convênio com a empresa.

Com relação aos seus filhos:

Qualidade de ensino, preços e a proximidade de casa são aspectos a considerar na hora da matrícula.

A escola pública (municipal, estadual ou federal) para crianças pode ser outra solução. Se este for seu caso, escolha aquela onde os amigos mais próximos de seu filho se matricularam e promova reuniões com os outros pais e os professores a fim de estimular a integração escola-família e, dessa maneira, melhorar o rendimento escolar.

Quando não houver esta saída, saiba que existem alguns artifícios aos quais você pode recorrer:

- Financiamento público.
- Compensação no imposto de renda.

E, além disso:

- Estudo em grupo pode ser uma forma de evitar professor particular.
- A biblioteca da escola e do bairro deve servir como fonte de pesquisa e estudo, com isso você economiza na compra de livro, e não se esqueça da Internet.

Vestuário

Fuja da moda efêmera do tipo cor-de-rosa choque. Existem modas que até respeitam a crise, o importante é distingui-las. A moda duradoura deverá se nortear pelo meio-termo. As cores, quanto mais neutras, mais combinam, ou mesmo, menos cansam. Uma boa regra, que pode ser aplicada a diversas peças do vestuário, é a seguinte: devo comprar cintos muito largos ou muito estreitos? A opção deve ser sempre pela média.

E, tratando-se de roupa, às vezes é melhor gastar um pouco a mais, pois, em compensação, sua roupa durará muito mais e você se vestirá melhor. Procure identificar suas cores preferidas, com o passar do tempo você começa a se sentir melhor, por exemplo, com o azul que com o amarelo ou vice-versa, isto depende de cada pessoa e evitará que você seja sugestionado na compra de uma cor que não gosta e que só usará uma vez, se usar.

Uma boa regra é você só ter roupas que caibam no seu armário, no mínimo você não as amassará.

E, por fim, saiba que é impossível usar dois ou mais pares de sapato ao mesmo tempo.

Energia

Troque lâmpadas muito fortes por mais fracas. Sempre que for possível, use lâmpadas de luz fria, pois são mais econômicas, onde puder: cozinha, banheiro etc.

Nunca deixe duas ou três luzes acesas em um mesmo ambiente, se houver necessidade de iluminação forte, escolha a potência das lâmpadas de acordo com as dimensões do cômodo e sua finalidade. Um corredor necessita apenas de lâmpadas até 50 w. Numa área de serviço ou num banheiro pequeno, é desperdício instalar 150 w. Se o abajur é para leitura, use 100 w, mas se for para dar uma iluminação suave ao ambiente, baixe para 60 w.

A limpeza periódica das lâmpadas ajuda a melhorar a iluminação.

Acostume-se a dormir no escuro, bem como seus filhos, e apague a luz sempre que sair de determinado cômodo.

Use a máquina de lavar a plena capacidade, o gasto é o mesmo. Procure controlar o uso de ferro elétrico, ar-condicionado, TV, chuveiro elétrico, utensílios que em sua maioria gastam muito. No caso de chuveiro elétrico, vale à pena substituí-lo por gás.

Não ligue o ferro elétrico para passar poucas peças de roupa. Prefira utilizá-lo duas ou três vezes por semana, juntando a roupa lavada.

Geladeira instalada perto do fogão também aumenta o consumo de energia, assim como o congelador cheio de gelo e o gabinete excessivamente cheio de recipientes. Para economizar no uso do ar-condicionado, ligue-o no frio máximo e deixe até alcançar a temperatura ideal (não se esqueça de fechar bem todas as saídas de ar para que o frio não se perca por elas). Passe, depois, para o frio mínimo e deixe aí até desligá-lo.

O uso do secador de cabelos no ar mais fraco é muito mais econômico.

E por último, não se esqueça de colocar sensores de presença no banheiro, na cozinha e no corredor.

Gás

Tampe sempre a panela enquanto está no fogo. Usar panela de pressão é uma ótima. Verifique se está havendo escapamento de gás, isto é, uma constante.

Usar garrafa térmica para o cafezinho evita fazê-lo muitas vezes, ou mesmo reaquecê-lo.

Mantenha o fogão e os aquecedores regulados e limpos. Quanto mais sujeira, maior consumo.

Chama amarela pode significar vazamento de gás.

Fogão colocado no meio de uma corrente de ar aumenta o consumo de gás, pois o vento dispersa o calor.

Panelas queimadas na base ou soltando fuligem são sintomas de que está havendo vazamento nos queimadores.

Telefone

Coloque cadeados do tipo espanta vizinho. Quando falar com pessoas de conversa sem fim, que descrevem situações em demasia, peça que sejam mais diretas. Procure abreviar a conversa dizendo de antemão que tem um compromisso a seguir com hora marcada. Em caso extremo, desligue o telefone enquanto estiver falando, seu interlocutor vai pensar que foi um defeito do aparelho.

Inicie uma ligação já dizendo o tempo que dispõe para ela.

Use o telefone somente para dar e receber informação. Reserve os bate-papos para ocasião e lugares mais adequados.

Dê aos filhos celulares pré-pagos.

Planeje a conversa anotando os pontos mais importantes, a fim de não ter de efetuar outra ligação.

Procure confirmar as informações recebidas e fornecidas repetindo um número, por exemplo, isto evita erros na recepção da informação acarretando embaraços. Substitua o telefone sempre que possível por *e-mails* nas datas de aniversário, por exemplo, este procedimento evitará a interrupção e os agradecimentos que encareceriam o telefonema. Use o horário noturno, os sábados e os domingos em que você geralmente paga menos. Não insista de imediato com linha ocupada, pois pode gerar um impulso em sua conta em razão de erro de ligação.

A substituição do telefone fixo por celulares também ajuda à medida que você atende mais rápido, portanto, não necessitando retornar a ligação, caso você esteja ausente de casa.

Ainda com relação aos celulares, existe uma infinidade de promoções, veja a que mais se adéqua à sua necessidade, como, por exemplo, optar por uma única operadora para atender a toda a família (existem benefícios).

Uma última sugestão seria a utilização de vários *chips*, que seriam utilizados conforme a sua conveniência.

Empregada

Prefira sempre a diarista, pois não haverá gasto com encargos, férias, 13º etc.

Em que pese à negativa de alguns psicólogos com relação à criação das crianças com avós, economicamente é a melhor saída, com relação aos cuidados nos horários que eles não estão na creche.

Diversão

Este item, talvez o mais difícil, pois a maioria das pessoas vive sem ele, é, também, de difícil enquadramento, dada a sua diversificação.

De qualquer forma, a experiência tem demonstrado que a casa de campo está cedendo lugar à própria casa, desde que esta apresente em termos de condomínio, recreações em piscina, quadra de jogos, *home theater* etc. Só a economia com transporte é significativa.

Vale mais, às vezes, ir para hotéis (vide artigo sobre férias) que comprar imóveis para lazer. É importante também dotar as residências de estrutura que permita um ambiente acolhedor e espaçoso, para que, neste clima, a família encontre lazer, porém barato.

Tenho uma amiga que gastou com a neta indo ao cinema quase R$ 100,00 (taxi, entrada, pipoca etc.). Se optasse por assistir filme em casa, em seu *home theater*, convidando até as colegas da neta, gastaria R$ 4,00 para comprar no sistema *pay-per-view*.

Saúde

Veja se a empresa onde trabalha tem convênio com planos de saúde; caso tenha, utilize sempre que possível. O INSS também é uma opção principalmente em pequenas cidades, onde o atendimento é mais rápido e cordial. Faça exames de saúde periódicos, o custo preventivo é mais baixo que o corretivo.

Cuidado com as clínicas que muitas vezes só cobram pelo nome. Um consultório modesto pode apresentar as mesmas qualidades de outro mais luxuoso e mais caro.

Cuidados pessoais

Com relação a outros cuidados pessoais, procure comprar tinta para pintar o cabelo, de aplicação rápida, para uso caseiro e, se tiver tempo, faça um curso rápido não só de corte de cabelo, como de unhas e outros. Quem sabe você até ganhe uns trocados com as amigas.

E por último, não se esqueça de que temos a mania de gastar não o que necessitamos, mas o que dispomos, portanto devemos guardar o dinheiro extra e só andar com o necessário.

Modelo de uma Matriz de gastos

Matriz de gastos				
Gastos	**Unidade**	**Custo unitário**	**Total**	**Participações**
1. Alimentação 1.1. Carnes 1.2. Frutas, legumes, verduras 1.3. Bebidas 1.4. Laticínios 1.5. Cereais 1.6. Massas 1.7. Outros				
2. Moradia 2.1. Prestação ou aluguel 2.2. Condomínio				
3. Transporte 3.1. Ônibus/Metrô 3.2. Combustível 3.3. Manutenção				
4. Educação				
5. Vestuário 5.1. Adulto 5.2. Criança				
6. Energia				
7. Gás				
8. Telefone				
9. Empregada				
10. Diversão				
11. Saúde 11.1. Seguro 11.2. Consulta 11.3. Medicamentos				
Total				

Capítulo 2

Poupe administrando melhor o seu condomínio

Reduza os custos do seu condomínio. Existem opções, que não o simples aumento da cota do condomínio, para fazer face ao aumento do nível dos gastos, mesmo mantendo ou até elevando a qualidade dos serviços oferecidos. A primeira providência é mudar a forma de pagamento, se o condomínio trabalha com uma administradora que cobra em função da Receita.

Não se trata de abandonar os serviços da administradora, pois são relativamente baratos. Custos com advogados, contador, auxiliar de pessoal, por exemplo, saem mais em conta, além de mais seguros tecnicamente, que quando são feitos pelos próprios moradores.

Refiro-me especificamente a mudar a base de cálculo do serviço para, por exemplo, número de apartamentos, número de empregados, volume de serviços etc. Desta forma, além de ganhar o aval da própria administradora para o programa de redução de custos, pois seu pagamento independerá do volume dos gastos e, por conseguinte, da Receita, a mudança de base evitará situações embaraçosas, como a que passei ao sugerir um aumento de 5% no condomínio de que eu era síndico. Tinha conseguido algumas reduções de custos, mas perdi muito tempo para convencer o representante de uma administradora que o aumento que este sugeria não tinha o menor sentido.

Salário do síndico

A conceituação da atividade de síndico também oferece possibilidade de reduzir os custos. Uma vez que não se trata de um empregado, e sim de um colaborador, seu salário ou qualquer tipo de pagamento deveria restringir-se ao mínimo indispensável, quando não abolido de vez. Por meio de um sistema democrático de rodízio, que acabaria com o síndico eterno, todos teriam a oportunidade de conhecer melhor os problemas de seu prédio. O não pagamento seria plenamente recompensado, pois o que o síndico deixasse de ganhar na sua gestão estaria recuperando de fato nas parcelas menores do condomínio.

Para suavizar seu trabalho, de modo que suas ocupações profissionais não sejam prejudicadas, o síndico deve montar uma estrutura de pessoal com capacidade administrativa, a fim de que o condomínio funcione mesmo na sua ausência. Sua ação ocorreria apenas nos casos de desvios da trajetória programada. Isto se consegue com a delegação de responsabilidades aos empregados, com a definição de atribuições bem clara, e um sistema de cobrança de comportamentos e tarefas simples e eficazes.

Outra medida é utilizar ao máximo as potencialidades dos empregados nos serviços de conservação, tais como pinturas, pequenos consertos, o que não só sairia bem mais barato que recorrer a alguém de fora como também funcionaria como estímulo em forma de salário indireto.

Em caso de não pagamento do condomínio em dia, deverá ser explicado ao morador em atraso que o condomínio não é uma prestação da compra de um automóvel, e sim um consenso sobre os gastos comuns rateados, de forma que o não cumprimento de uns redunda no pagamento a mais de outros. Não se trata, portanto, apenas de um problema jurídico, mas também moral. Todos os moradores deveriam demonstrar claramente seu repúdio por tal ato.

Composição de custos

Vamos examinar a composição dos custos do condomínio e como diminuí-los. O conhecimento desta composição média evitará esforço desnecessário para se reduzirem gastos nos itens cuja participação no todo seja pequena. Quando identificamos as despesas realmente relevantes, a redução será mais substancial. Os gastos devem ser indicados por ano, o que levará em consideração até as despesas sazonais, como o 13º salário, as gratificações de Natal, entre outras.

Exemplo de um quadro de composição de custos

Composição de custos		
Gastos	Valores (RS)	Participações (%)
Salários	3.593	41
Conservação		
Jardim	261	3
Bomba de água	183	2
Elevadores	852	10
Luz	1.571	18
Seguro	1.424	16
Taxa de administração	851	10

Alternativas item por item

Agora, vamos ver as várias alternativas para redução dos gastos item a item:

- **Salários**: Devemos procurar saber o salário do mercado e praticá-lo. Nem abaixo, nem acima deste parâmetro. Deverá haver uma política de salários indiretos, tais como reservar o serviço de lavagem dos carros somente para empregados do prédio, aproveitar os empregados nos serviços de pintura, consertos etc. Não trabalhar nunca com horas extras, é preferível até contratar mais um empregado, pois elas saem muito mais caras que a hora comum, sem falar no horário noturno. Procurar fornecer uniformes práticos e que durem – macacão, safári etc. Programar a escala de horas de trabalho atendendo as necessidades do condomínio e cobrá-las rigorosamente.
- **Conservação**: Ao usarmos empregados do condomínio para esta tarefa, estamos economizando neste item e no acima. Podemos também apelar para profissionais autônomos, desde que seus serviços sejam conhecidos, pois cobram bem mais barato que as firmas (estas têm de cobrar também seu custo administrativo). Em alguns casos, talvez seja melhor trocar uma peça toda com defeito, que repará-la; é uma questão de identificar o ponto a partir do qual não vale mais a pena consertar. Na medida do possível, devemos trocar revestimentos de pintura por ladrilhos ou pastilhas, que exigem menor manutenção. A previsão dos materiais de limpeza deve tomar por base os preços multiplicados pela quantidade de consumo esperada. Atenção na quantidade para evitar desperdício ou desvio. Devem-se procurar locais que ofereçam descontos nos preços, em razão da grande quantidade de material.
- **Luz**: Devemos trocar as lâmpadas fortes por mais fracas ou incandescentes por frias, se não houver prejuízo para os usuários. Colocar minuterias que fazem que a luz desligue três minutos depois de ligada ou sensores de presença. Não abusar de refletores na decoração. Não permitir uso particular da energia do prédio para ligar aspiradores de pó empregados na limpeza de veículos.

- **Seguro e taxa de administração**: Dependerão da firma escolhida, mas, como os preços, neste caso, são muito próximos ou iguais, é melhor procurar a segurança nos serviços prestados. Nunca faça uma previsão de receita acima dos gastos, pois, assim, podemos ficar sujeito a uma fatalidade de que não escapamos: a nossa tendência de gastar não o necessário, e sim o disponível.

Capítulo 3

Administre seu tempo e viva melhor

Você já deve ter lido muito sobre como organizar seu tempo no trabalho, já deve também até ter assistido seminário sobre a administração do tempo do executivo. Que tal agora você começar a introduzir esta terminologia de administração do tempo em sua casa?

O TEMPO É ALGO...

O tempo é algo que, para todos nós, tem um elo comum, ou seja, ele é finito e, portanto, escasso.

A maneira como você aproveita seu tempo está intimamente ligada à qualidade de sua vida. Portanto, administrar seu tempo é, antes de tudo, uma maneira de melhorar a sua vida.

Quando se fala em administrar o tempo, o objetivo é a ordenação das tarefas de tal forma que possa sobrar um período que, dependendo da pessoa, poderá ser aproveitado em lazer ou em outras atividades com fins lucrativos, a fim de aumentar o seu padrão de vida.

Essas atividades poderiam ser em tempo parcial, como traduções, serviços de digitação, artesanato ou representação comercial. Outra forma de obter recursos seria, por exemplo, não gastando, ou seja, consertando vazamentos, fazendo seus móveis, cuidando do jardim, arrumando a casa, lavando o carro etc. Você pode assumir responsabilidades que antes eram atribuídas a outra pessoa.

Você ainda pode aproveitar algum tempo disponível investindo em seu enriquecimento cultural, matriculando-se em cursos, adquirindo e lendo livros técnicos e até mesmo frequentando mais os lugares onde podem surgir oportunidades de trabalho, como clubes, festividades, conferências etc.

ADMINISTRANDO O TEMPO

Saiba separar as atividades mecânicas daquelas puramente intelectuais. As mecânicas, além de poderem ser realizadas a qualquer hora, não exigem concentração, como: marcar visitas, efetuar pagamentos e limpeza etc. Em muitos casos, podem até ser feitas simultaneamente. As atividades intelectuais, tais como escrever e estudar, exigem concentração e silêncio, devem ter hora apropriada, caso contrário, não apresentam rendimento. A regra é no sentido de dar prioridade às atividades intelectuais no melhor clima possível, e, quando esse clima não existir, passe imediatamente para uma atividade mecânica. Não desperdice o tempo.

- Procure trabalhar com objetivos e não com tarefas. No começo do dia, identifique pelo menos um objetivo importante e só depois ordene as tarefas, visando a atingi-lo. Trabalhando só por tarefas, você tende a se sentir como se não houvesse realizado o suficiente.
- Devem-se executar no início do dia as atividades mais importantes, porque a cabeça está mais fria e o poder de concentração é maior.
- Procure dar instruções à empregada. Estabeleça uma hora em que você vai passar a ela orientações para o dia. É bem melhor você pagar um pouco mais a uma empregada, desde que ela possa assumir algumas responsabilidades extras, como efetuar pagamentos, anotar recados telefônicos etc. Você estará ganhando tempo para se dedicar a outras atividades.
- Se você tem o hábito de adiar sistematicamente os compromissos, procure saber os motivos. Uma tarefa adiada tem seu custo. Procure estabelecer prazos curtos, médios e longos para suas tarefas e divulgue-os a terceiros, como forma de comprometimento.
- Da mesma forma que você quer aumentar seu tempo disponível, respeite nos outros esse mesmo propósito. Avise antes quando planejar uma visita, não interrompa a empregada quando ela estiver cumprindo uma tarefa e lembre-se de que seus filhos não devem ser interrompidos quando estiverem estudando.
- Devemos começar a organizar nosso tempo com ideias que dependam de nós mesmos. Começar por sugestões que se prendam aos outros é correr o risco de uma eterna dependência.
- Deve-se preparar o cardápio da semana em conjunto com a empregada, bem como a lista de compras, de preferência na segunda-feira. E não se preocupe mais com esse assunto.
- Tenha uma ficha para controle das datas de pagamentos (telefone, gás, luz, aluguel etc.) e, se possível, já deixe pronto o cheque cruzado. O ideal é débito em conta.
- Coloque as crianças no colégio preferencialmente no mesmo horário, para que a empregada (ou você) disponha de tempo para outras tarefas.
- Tenha junto de você um caderno de anotações e o examine uma vez ao dia.
- Determine uma hora para ler correspondência e, ou seu *e-mail*. Não fique abrindo uma carta sempre que chegue às suas mãos.

- Tenha uma agenda, nem que seja para seus compromissos da semana.
- Se tiver de fazer uma visita, aproveite para efetuar outras na mesma região.
- Nunca deixe uma tarefa por fazer, pois a preocupação com a sua conclusão consome o mesmo que você gastaria ao realizá-la.
- Tente utilizar a Internet ao máximo efetuando compras, pagamentos, transmitir recados, convites, comunicados etc.
- Por fim, faça o que você sabe, nada de improvisação. Se você for um jogador de futebol, faça e viva disso normalmente. Ganhamos dinheiro naquilo que sabemos e devemos delegar, por exemplo, a jardinagem para alguém. Praticar outras atividades só por *hobby*. Já imaginou o que um profissional de alto nível perde quando resolve cortar a grama de seu jardim?

Capítulo 4

Várias maneiras de você poupar

Poupe na hora de se alimentar

Existem regras para enfrentar, com algum êxito, a inflação que a cada dia aumenta os gastos com alimentos? Claro que sim. E regras simples, permitindo a qualquer um – com um pouco de atenção e método – racionar seus gastos e fazer economia.

Normalmente, a primeira medida que se toma quando a inflação começa a pesar nos gastos com alimentos é deixar de comprar o mais caro, seja o alimento propriamente dito (o filé mignon, por exemplo), seja o mais supérfluo, como a bebida (o uísque, por exemplo). E muitas vezes se fica frustrado quando, no fim do mês, gasta-se praticamente a mesma coisa, mesmo tendo-se privado tanto do filé como do uísque.

O motivo dessa frustração é geralmente o esquecimento de que "o que é caro para uns não é necessariamente caro para outros". As soluções ditas coletivas pecam por não considerarem certos aspectos individuais. Por exemplo: provavelmente, em determinada família, o consumo de cenouras, embora sejam elas baratas por unidade, pode tornar-se mais caro que o do filé. Basta que a cenoura seja consumida em quantidades grandes e em espaço de tempo pequeno, enquanto o filé, ao contrário, seja consumido em pouca quantidade e em espaço de tempo grande.

Cada família, como primeira medida, deve elaborar a sua tabela de consumo de gêneros alimentícios para conhecer, a partir dela, o que mais pesa em seu bolso. Depois, então, é só procurar reduzir o mais caro, ou substituí-lo, ou fazer as duas coisas, ou simplesmente suprimi-lo, se for o caso. Agindo dessa forma, fatalmente, ao chegar ao fim do mês, o consumidor verá, talvez surpreso, seu esforço recompensado e a inflação parcialmente vencida.

Essa tabela – indicadora real de consumo – deverá ser elaborada do seguinte modo: na primeira coluna, a relação dos alimentos consumidos (o maior número de gêneros possíveis). Na segunda, a quantidade consumida mensalmente (no caso de consumo de ocasião, por exemplo, a castanha no Natal deve-se dividir a quantidade anual por doze). Na terceira coluna, o valor de cada gênero ou grupo de gêneros. Uma quarta coluna, multiplicando-se a segunda pela terceira dará o consumo real mensal. Se quiser, pode-se elaborar mais uma coluna, correspondente à porcentagem de cada gênero.

No exemplo a seguir, um corte na metade das compras de cereais só significaria uma economia total de 0,5 vezes 5, ou seja, 2,50% do total, ao passo que a compra de apenas metade da carne resultaria numa economia de 0,5 vezes 75, isto é, 37,5%.

Gêneros	Quantidade em R$	Valor mensal	Total (%)
Cereais 10 kg	2,19	21,90	5
Carnes 30 kg	11,43	342,90	75
Verduras 10 unid.	4,50	45,00	10
Bebidas 20 unid.	2,28	45,60	10
Total		455,40	100

Poupe no café com pão

Quem faz compras deve ter observado que, nos últimos tempos, o café e o pão tiveram uma acentuada elevação de preços. Para o café, a solução seria uma alternativa como chá, por exemplo, pois, além de mais barato, de acordo com especialistas, tem qualidades emagrecedoras (desgasta a gordura).

Meio quilo de café coado custa R$ 4,99. Cada colher do pó corresponde a seis xícaras. Como meio quilo de café coado equivale a trinta colheres, logo, cada xícara (R$ 4,99 dividido por 180, isto é, as 30 colheres multiplicadas pelas seis xícaras que se preparam com cada uma) custará R$ 0,028.

Uma caixa de chá com 15 envelopes custa R$ 3,00, cada envelope dá para oito xícaras pequenas; logo, cada xícara custará R$ 0,025 (3,00 dividido por 120).

Fazer em casa

Para combater a alta do pão, uma alternativa seria fazê-lo em casa. Um quilo de pão francês custa na padaria cerca de R$ 5,00. Para fazê-lo em casa são necessários:

Ingredientes	Custo
1/2 xícara de água morna	zero
2 tabletes de fermento para pão	R$ 1,45
2 xícaras de água	zero
3 colheres (de chá) de sal	R$ 0,06
6 xícaras de farinha de trigo	R$ 2,35
Total	R$ 3,86

Considerando que esta receita dá para 30 pães equivalentes ao comprado pronto, teremos: R$ 3,86 divididos por 30 = R$ 0,13.

No caso do pão, pode-se aproveitá-lo em termos daquilo que os economistas chamam de subproduto, ou seja, o produto obtido a partir da sobra do produto principal, neste caso a torrada, que deve ser feita com a sobra do pão.

Açúcar e alternativas

De R$ 1,50 o quilo, o açúcar refinado passou a R$ 2,39. Seria o caso de se pensar na utilização, talvez, de um substituto, como o mel ou o açúcar mascavo. Só que o mel está custando R$ 15,90 o quilo, e o açúcar mascavo, R$ 7,18. Ou seja, não dá nem para comparar.

E o adoçante artificial? Vejamos. Por R$ 6,19 adquirem-se 100 comprimidos. Isso significa que um comprimido custa R$ 0,062 (6,19/100). Um comprimido, por sua vez, equivale a uma colher de açúcar das pequenas. Em uma xícara de café, teremos duas vezes R$ 0,062 o que é igual a R$ 0,124.

Um quilo de açúcar custa R$ 2,39, correspondendo a 380 colheres pequenas. Dividindo-se R$ 2,39 por 380, portanto, teremos um resultado de R$ 0,0063 por colher. Logo, duas colheres representam R$ 0,013 Concluindo: mesmo com o atual aumento do preço do açúcar refinado, este produto ainda é mais barato que o adoçante.

Outros aumentos

Certamente, deverá ocorrer também um aumento na mesma proporção em produtos que contenham açúcar, tais como: doces, refrigerantes e até remédios. É bom estocar esses produtos. Pode parecer estranho que eles aumentem na mesma proporção, já que não contêm mais de 10% (no máximo) de açúcar, o que daria um aumento real de 4% em seu custo (admitindo que o açúcar aumentou em média 40%). Ocorre que estamos no Brasil, onde a maioria dos comerciantes não conhece a composição do custo de seus produtos, além da correção monetária ter oficializado a inflação linear, isto é, igual para todos.

Em todo caso, vale saber, que o hábito do consumo do açúcar foi introduzido na Europa apenas no século X, pelos árabes, mas seu consumo só se estendeu à maioria da população muito mais tarde por causa do seu alto preço. Não seria uma saída, agora, voltar-se ao hábito anterior ao século X e dispensar o açúcar? Talvez se tenha uma vida mais "amarga", porém, de acordo com especialistas, mais saudável e elegante.

ÓLEO DE SOJA ESTOCADO É DINHEIRO ECONOMIZADO

Uma alta do preço da soja e seus derivados – entre eles o óleo de cozinha – está a caminho. Pelo menos dois fatores contribuem para ela: o primeiro, a recente queda da safra do Rio Grande do Sul, o que normalmente leva o Governo a aumentar o preço mínimo do produtor para que este possa plantar com os mesmos recursos; e o segundo, a guerra Argentina-Inglaterra, impedindo a exportação pelo país vizinho, forçando os países importadores a procurar outras fontes, uma delas o Brasil. Com isso, em médio prazo, esses países provocarão uma alta do preço do produto e seus derivados.

Outros dados devem ser considerados. Por exemplo, o Governo acaba de autorizar a importação de óleo de soja, o que significa que, no mercado interno, a oferta é menor que a procura. Esta importação, evidentemente, acarreta custos adicionais. O aumento de pedidos por outros países também forçará a alta de preço no mercado internacional.[1]

Portanto, ao consumidor restam duas opções:

1. Utilizar um produto similar, como a gordura de porco (que no momento sai mais caro que o óleo de soja).
2. Estocar o óleo de soja.

Em relação a primeira opção, é bom lembrar que, enquanto para uma família, digamos, de um casal, dois filhos e uma empregada, gasta-se em média uma lata de óleo de soja por semana, a de gordura de porco dura seis dias. O motivo é o reaproveitamento do óleo a partir de um processo de coagem em recipiente adequado. O gasto de óleo de soja por dia seria de R$ 0,38 (R$ 2,69 divididos por 7), o da gordura de porco sai a R$ 0,66 (R$ 4,00 divididos por 6). Outros produtos similares, como manteiga, azeite, óleo de algodão e milho, são bem mais caros.

[1] Este artigo refere-se à época em que foi escrito (JB – 6/5/82), porém os argumentos e as propostas aplicam-se em diversas oportunidades.

Quanto a estocar óleo de soja, admitamos que o Governo leve, no mínimo, de quatro a seis meses até oferecer solução para o problema. Se estocarmos, por exemplo, 24 latas (a R$ 2,69 cada, R$ 64,56), já teremos considerável economia.

Produto	Preço (R$)	Tempo de consumo	Custo do dia
1 lata de óleo de soja	2,69	7 dias	0,38
1 lata de óleo de milho	4,99	7 dias	0,71
1 kg de gordura de porco	4,00	6 dias	0,66
1 kg de gordura hidrogenada	10,50	6 dias	1,75
1 lata de azeite	11,85	6 dias	1,98
1 kg de manteiga	24,95	6 dias	4,16

Você também pode diminuir o consumo de óleo usando, sempre que possível, frigideiras e panelas não aderentes, ou seja, que não necessitam de óleo, ou então substituindo os alimentos fritos por alimentos mais naturais, como saladas. Desse modo, além de economizar, você estará contribuindo para melhorar a saúde.

Saiba usar o óleo de soja

O preço do óleo de soja subiu. Substituí-lo, numa época em que o medo de engordar ou aumentar a taxa de colesterol assombra a todos, fica um pouco difícil. Há as banhas. A mais gostosa e também a mais prejudicial à saúde é a de porco. A de origem vegetal extraída do coco, dependendo de cada caso, poderá ser usada e é mais barata. Para quem não pode dispensar o óleo de soja, o melhor é saber como fazer render uma lata. Aqui estão alguns conselhos práticos:

- Ao fritar bifes, usar o mínimo possível de óleo. De preferência, pincelar a frigideira e passar rapidamente o bife de um lado e do outro, até chegar ao ponto ideal.
- Procurar fazer o arroz com a menor quantidade possível de óleo. Uma colher (de sobremesa) é suficiente para duas xícaras de arroz.
- Ao fritar batatas, usar uma boa quantidade de óleo, sem medo. Ele será totalmente reaproveitado em outras frituras e em refogados de um modo geral. O óleo usado para fritar peixe não será reaproveitado. Use pouca quantidade ou, melhor ainda, faça peixes cozidos, que são mais saborosos e saudáveis.

- A maneira mais prática de coar o óleo já usado é através de um coador de papel, desses que se usa para café. Um paninho limpo também serve. Em último caso, improvisando, um chumaço de algodão colocado dentro do coador de leite.
- O óleo reaproveitado deve ser guardado, de preferência, em vidros com tampa. Espere esfriar antes de coar para evitar acidentes.
- E, por fim, ajude o planeta e entregue o óleo já inútil para firmas de reaproveitamento; no mínimo vai ajudar a mover um veículo.

ECONOMIZANDO NA HORA DO LANCHE

Será perda de tempo ou realmente vale à pena comparar preços de alguns produtos servidos na hora do lanche? A economia que se faz com estas pequenas refeições entre almoço e jantar pode parecer insignificante, mas, se considerarmos que geralmente são feitos dois lanches por dia (60 por mês), a economia pode ser considerável.

CAFÉ SOLÚVEL X CAFÉ COADO

Um vidro de 100 gramas de café solúvel custa R$ 7,59 e equivale a 75 xícaras pequenas (3 colheres das de sopa para cada 15 xícaras, 15 colheres equivalendo a 100 gramas). Assim, o custo unitário da xícara de café (R$ 7,59) dividido por 75 é de R$ 0,10. Já meio quilo de café coado custa R$ 4,99. Cada colher de pó corresponde a 6 xícaras. Como meio quilo de café coado equivale a 30 colheres, logo, cada xícara, R$ 4,99 divididos por 180, isto é, as 30 colheres multiplicadas pelas 6 xícaras que se preparam custará R$ 0,028. O café coado tradicional é, portanto, mais barato que o solúvel.

PÃO DOCE CASEIRO X PÃO DOCE COMPRADO PRONTO

Um pão doce custa, na padaria, R$ 3,00. Para fazê-lo em casa, são necessárias duas xícaras de óleo (a lata custa R$ 2,69 e contém cinco xícaras, logo duas xícaras saem a R$ 1,08), 100 gramas de fermento a R$ 1,45, cinco batatas inglesas a R$ 1,00, um quilo de farinha de trigo a R$ 2,35, duas xícaras de leite a R$ 1,00, (um litro de leite custa R$ 2,50, dá para cinco xícaras), cinco ovos a R$ 1,04. O custo total seria de R$ 7,92 para uma receita que dá para 35 pães. Assim, cada pão custaria R$ 0,23, bem mais barato que o comprado na padaria.

Iogurte caseiro x iogurte comprado pronto

O iogurte comprado pronto custa R$ 1,67. Feito em casa, temos que um litro de leite que dá para sete copos e custa R$ 2,50. Logo, a unidade sai a R$ 0,36. Bem mais barato que o comprado pronto.

Suco de maracujá x o feito de fruta fresca (ou refrigerante)

Uma garrafa de suco dá para cinco litros e custa R$ 4,99. Assim, cada litro custa R$ 1,00. Sete maracujás custam R$ 4,89 e dão para dois litros, logo o litro custa R$ 2,44. Um litro de refrigerante custa R$ 1,70. Portanto, o mais barato é o suco comprado pronto.

Leite em pó x leite líquido

Uma lata de leite em pó dá para quatro litros e meio e custa R$ 6,50. Logo, cada litro custa R$ 1,44. Um litro de leite líquido custa R$ 2,50. Portanto, o leite em pó é o mais barato.

O lanche mais barato seria uma composição de café coado (tradicional), pão doce caseiro, iogurte caseiro, suco engarrafado (pronto) e leite em pó.

O que é mais barato: fazer ou comprar feito?

A maioria das donas de casa certamente já se fez a pergunta: será mais econômico preparar, por exemplo, um molho para macarronada ou simplesmente comprá-lo já pronto no supermercado? Em termos de paladar, é mais que provável que o feito em casa é sempre melhor. Mas como o nosso assunto é economia, vamos examinar alguns casos.

Conservas

Tomemos, por exemplo, uma conserva de pepino. Pronta, ela custa R$ 6,99 o vidro de meio quilo. Se for fazer em casa, teremos meio quilo de pepino a R$ 0,60, uma garrafa de vinagre a R$ 2,19, um dente de alho R$ 0,11, (uma cabeça de alho custa R$ 0,90 e contém em média oito dentes). Portanto, o custo total será de R$ 2,90, o que significa, no caso, além de melhor paladar, mais economia.

Bolos

Um bolo pronto custa R$ 10,00. Feito em casa, custará em torno de R$ 5,70: dois tabletes de margarina a R$ 1,57, duas xícaras de açúcar (250 gramas) a R$ 0,96, três xícaras de farinha (200 gramas) a R$ 1,41, três ovos R$ 0,63, três colheres de fermento (uma lata dá para seis bolos) a R$ 0,50, um copo de leite R$ 0,63. Também, neste caso, compensa fazer em casa.

Macarrão

Meio quilo de macarrão custa R$ 2,29, se comprado pronto, e é suficiente para cinco pessoas. Uma lata de molho custa R$ 5,11. Logo, temos que uma macarronada sairá por R$ 7,40. Tentemos, porém, prepará-la em casa. Só para o molho, teremos 150 gramas de carne moída a R$ 1,50, meio quilo de tomate a R$ 1,00, meia cebola a R$ 0,15, uma colher de massa a R$ 0,58 (a lata com cinco colheres custa R$ 2,90). O custo do molho é de R$ 3,23. No caso da preparação da massa, são necessários meio quilo de farinha de trigo a R$ 1,18 e seis ovos a R$ 1,25, resultando disso R$ 2,43, que, somados ao preço do molho, faz que a macarronada feita em casa saia por R$ 5,66. Pelo menos aqui é mais econômico comprar pronto. Mas, como o molho feito em casa é mais barato, uma boa sugestão é combinar as duas coisas.

	Massas	Molho	Total
Preparado em casa	2,43	3,23	5,66
Pronto	2,29	5,11	7,40
Solução ótima	2,29	3,23	5,52

O PREÇO DA FEIJOADA, DA CABEÇA DE ALHO AO SALÁRIO DA COZINHEIRA

Prato típico brasileiro – e muito especialmente do carioca –, qual o custo real de uma feijoada por pessoa? Vale a pena prepará-la para poucas pessoas? Será um prato, além de típico, barato?

Tomemos por base a tabela a seguir para chegarmos, primeiro, ao custo total de uma feijoada para doze pessoas. Nestes cálculos, estão considerados apenas os custos diretos, os facilmente identificáveis. Entre os indiretos está o tempo de preparação: 40 minutos para o feijão e as carnes separadamente, em panela de pressão (o que significa consumo de gás em dobro), mais 30 minutos para feijão e carne juntos, 15 minutos para o arroz.

A experiência indica que não está no gás o maior custo indireto, e sim nos ingredientes. Admitindo-se que a preparação envolve pelo menos metade de um dia – e considerando o salário mínimo para a cozinheira – temos que o custo será de R$ 250,00 divididos por 60, que resulta em R$ 4,16.

Assim, temos que o custo de uma feijoada por pessoa é de R$ 4,42 (o total obtido na tabela a seguir), mais R$ 4,16 (salário da empregada), dividido por 12. Não é, portanto, um prato para todos os dias, muito menos para o brasileiro de renda baixa, pois, se fosse esse o seu alimento de todos os dias, certamente seu custo sairia muito alto.

Sua preparação para poucas pessoas só tem contraindicações em termos de tempo. O que justifica, plenamente, a tradição da feijoada como prato para grandes dias, muita gente à mesa, dentro da melhor tradição brasileira de "bota água no feijão..."

Ingredientes	Quantidade	Valor (R$)
Costela	500 gramas	6,00
Lombo	500 gramas	8,00
Chispe (pé)	500 gramas	3,00
Carne-seca	500 gramas	5,20
Linguiça	500 gramas	4,20
Peito de vaca	500 gramas	6,40
Toucinho defumado	100 gramas	1,20
Paio	100 gramas	1,60
Alho	2 cabeças	2,00
Cebola	1 unidade	1,00
Feijão	2 quilos	5,58
Arroz	1 quilo	2,69
Couve	5 molhos	1,00
Farinha de mesa	500 gramas	2,00
Laranja	1 dúzia	3,20
Custo total		53,07

Despensa arrumada, dinheiro economizado

Pode uma simples arrumação contribuir para que se derrote a inflação? Claro que sim. Basta que se disponham os diversos gêneros de maneira lógica, racional e visualmente adequada, de modo a facilitar à dona de casa uma rápida e correta elaboração da lista de compras.

Essa lista – feita de acordo com as reais necessidades, a partir apenas do que está faltando ou do que está prestes a faltar – certamente evitará que se caia na tentação dos chamados produtos promocionais, quase sempre consumidos sem necessidade, ou também dos produtos que os supermercados colocam estrategicamente em suas prateleiras, uma espécie de convite para que se compre o que não se precisa.

Entendendo por despensa não só o armário que guarda os gêneros alimentícios, mas também a geladeira, deve-se ter sempre um lugar específico para cada um – cada coisa em sua prateleira. As modernas geladeiras já possuem divisões próprias, tornando fácil e imediata a verificação do que está ou não faltando.

Definida a época de compras (diária, semanal ou mensal, de acordo com a necessidade), tem-se de dispor de um controle de consumo de cada gênero. O que pode ser feito, por exemplo, por espaço vazio: se determinado espaço for reservado para pacotes de arroz e se verificar que ele está vazio, é hora de comprar arroz.

É possível, também, fazer o controle em forma de lembrete, colocado, por exemplo, no último ou penúltimo pacote de arroz, ou de manteiga ou de qualquer produto. Uma simples etiqueta serve para este fim.

Por fim, devemos dispor de uma lista de todos os gêneros alimentícios, com uma coluna destinada ao nome, outra à quantidade, a terceira ao preço e a quarta ao resultado da multiplicação do preço pela quantidade. A partir daí, fica fácil calcular-se o quanto levar ao supermercado, evitando-se não só o custo da visita, mas também a sempre dispendiosa compra do que não é necessário, ou ainda o esquecimento do que realmente se precisa, o que tantas vezes obriga a dona de casa a ir duas ou mais vezes ao supermercado num mesmo dia.

Outra solução moderna e que também fará que você fuja dos apelos mercadológicos é o uso da Internet já adotada em vários supermercados.

Gênero	Quantidade	Preço por unidade (R$)	Total (R$)
Arroz	5 kg	2,69	13,45
Abóbora	10 kg	1,00	10,00
Berinjela	3 kg	1,20	3,60
Batata doce	5 kg	1,10	5,50

Capítulo 5

Economize mantendo o planeta ecologicamente sustentável

- **Aprenda a cozinhar em panela de pressão**: Acredite... dá para cozinhar tudo em panela de pressão: feijão, arroz, macarrão, carne, peixe etc. Muito mais rápido e economizando 70% de gás.
- **Antes de cozinhar, retire da geladeira todos os ingredientes de uma só vez**: Evite o abre-fecha da geladeira toda vez que o prato que você está fazendo precisar de uma cenoura, um alho etc.
- **Ande menos de carro**: Use menos o carro e mais o transporte coletivo (ônibus, metrô) ou o limpo (bicicleta ou a pé). Se você deixar o carro em casa duas vezes por semana, deixará de emitir 700 kg de poluentes por ano.
- **Cozinha**: Tampe as panelas enquanto cozinha, você aproveita o calor que simplesmente se perderia no ar.
- **Cozinhe com fogo mínimo**: Não adianta, por mais que você aumente o fogo, sua comida não vai cozinhar mais depressa, pois a água não ultrapassa 100 °C em uma panela comum. Com o fogo alto, você vai é queimar sua comida.
- **Coma menos carne vermelha**: A criação de bovinos é um dos maiores responsáveis pelo efeito estufa. Não é piada. Você já sentiu aquele cheiro pavoroso quando você se aproximou de alguma fazenda/criação de gado? Pois é: É metano, um gás inflamável, poluente e fedorento. Além disso, a produção de carne vermelha demanda uma quantidade enorme de água. Para você ter uma ideia: para produzir 1 kg de carne vermelha são necessários 200 litros de água potável. O mesmo quilo de frango só consome 10 litros. Sem falar da matança cruel que se faz com estes animais. Se você tem ligações com Budistas, nem pense duas vezes.
- **Compre um ventilador de teto**: Nem sempre faz calor suficiente para ser preciso ligar o ar-condicionado. Na maioria das vezes, um ventilador de teto é o ideal para refrescar o ambiente, gastando 90% menos energia. Combinar o uso dos dois também é uma boa ideia. Regule seu ar-condicionado para o mínimo e ligue o ventilador de teto.
- **Compre papel reciclado**: Produzir papel reciclado consome de 70% a 90% menos energia que o papel comum e poupa nossas florestas.
- **Compre alimentos produzidos na sua região**: Fazendo isso, além de economizar combustível, você incentiva o crescimento da sua comunidade, bairro ou cidade.

- **Compre alimentos frescos em vez de congelados**: Comida congelada, além de mais cara, consome até dez vezes mais energia para ser produzida. É uma praticidade que nem sempre vale a pena.
- **Se puder, adote sistemas de energia solar**: A instalação ainda é cara, mas com o tempo você recupera os gastos.
- **Compre orgânicos**: Por enquanto, alimentos orgânicos são um pouco mais caros, pois a demanda ainda é pequena no Brasil. Mas você sabia que, além de não usar agrotóxicos, os orgânicos respeitam os ciclos de vida de animais, insetos e, ainda por cima, absorvem mais gás carbônico da atmosfera que a agricultura "tradicional"? Se toda a produção de soja e milho dos EUA fosse orgânica, cerca de 240 bilhões de quilos de gás carbônico seriam removidos da atmosfera. Portanto, incentive o comércio de orgânicos para que os preços possam cair com o tempo.
- **Se for construir uma casa**: Faça a parte hidráulica reaproveitável, do tipo em que a água do chuveiro e a da pia vão diretamente do ralo para os vasos sanitários.
- **Não troque o seu celular**: Já passou o tempo que celular era sinal de *status*. Hoje em dia, qualquer um tem. Ninguém se importa. Fique com o antigo pelo menos enquanto estiver funcionando perfeitamente ou em bom estado. Se o problema é a bateria, considere o custo/benefício de trocá-la e descartá-la adequadamente, encaminhando-a a postos de coleta. Celulares trouxeram muita comodidade à nossa vida, mas utilizam derivados de petróleo em suas peças e metais pesados em suas baterias. Além disso, na maioria das vezes, sua produção é feita utilizando mão de obra barata em países em desenvolvimento. Utilize seus *gadgets* até o final da vida útil deles, lembre-se de que eles certamente não foram nada baratos.
- **Use somente pilhas e baterias recarregáveis**: É certo que são caras, mas, ao uso em médio e longo prazos, elas se pagam com muito lucro. Duram anos e podem ser recarregadas em média mil vezes.
- **Limpe ou troque os filtros do seu ar-condicionado**: Um ar-condicionado sujo representa 158 kg de gás carbônico a mais na atmosfera por ano.
- **Escolha eletrodomésticos de baixo consumo energético**: Procure por aparelhos com o selo do Procel (no caso de nacionais) ou Energy Star (no caso de importados).

- **Não deixe seus aparelhos em *standby***: Simplesmente desligue ou tire da tomada quando não estiver usando um eletrodoméstico. A função *standby* de um aparelho usa cerca de 15% a 40% da quantidade de energia que ele consome quando está em uso.
- **Mude sua geladeira ou *freezer* de lugar**: Ao colocá-los próximos ao fogão, eles utilizam muito mais energia para compensar o ganho de temperatura. Mantenha-os afastados pelo menos 15 cm das paredes para evitar o superaquecimento. Colocar roupas e tênis para secar atrás deles, nem pensar!
- **Descongele geladeiras e *freezers* antigos a cada quinze ou vinte dias**: O excesso de gelo reduz a circulação de ar frio no aparelho, fazendo que gaste mais energia para compensar. Se for o caso, considere trocar de aparelho. Os novos modelos consomem até metade da energia dos modelos mais antigos, o que subsidia o valor do eletrodoméstico em médio/longo prazo.
- **Use a máquina de lavar roupas/louça só quando estiverem cheias**: Caso você realmente precise usá-las com metade da capacidade, selecione os modos de menor consumo de água. Se você usa lava-louças, não é necessário usar água quente para pratos e talheres pouco sujos. Só o detergente já resolve.
- **Faça compostagem**: Cerca de 3% do metano que ajuda a causar o efeito estufa é gerado pelo lixo orgânico doméstico. Aprenda a fazer compostagem: além de reduzir o problema, você terá um jardim saudável e bonito.
- **Retire imediatamente as roupas da máquina de lavar quando estiverem limpas**: As roupas esquecidas na máquina de lavar ficam muito amassadas, exigindo muito mais trabalho e tempo para passar, consumindo, assim, muito mais energia elétrica.
- **Tome banho de chuveiro**: E de preferência, rápido. Um banho de banheira consome até quatro vezes mais energia e água que um chuveiro.
- **Use menos água quente**: Aquecer água consome muita energia. Para lavar a louça ou as roupas, prefira usar água morna ou fria.
- **Pendure em vez de usar a secadora**: Você pode economizar mais de 317 kg de gás carbônico se pendurar as roupas durante metade do ano em vez de usar a secadora.
- **Nunca é demais lembrar: recicle no trabalho e em casa**: Se a sua cidade ou bairro não tem coleta seletiva, leve o lixo até um posto de coleta. Existem vários nas redes de supermercados. Lem-

bre-se de que o material reciclável deve ser lavado (no caso de plásticos, vidros e metais) e dobrado (papel).

- **Reduza o uso de embalagens**: Embalagem menor é sinônimo de desperdício de água, combustível e recursos naturais. Prefira embalagens maiores, de preferência com refil. Evite ao máximo comprar água em garrafinhas, leve sempre com você a sua própria.
- **Considere o impacto de seus investimentos**: O dinheiro que você investe não rende juro sozinho. Isso só acontece quando ele é investido em empresas ou países que dão lucro. Na onda da sustentabilidade, vários bancos estão considerando o impacto ambiental das empresas em que investem o dinheiro dos seus clientes. Informe-se com o seu gerente antes de escolher o melhor investimento para você e o meio ambiente.
- **Considere trocar seu monitor**: O maior responsável pelo consumo de energia de um computador é o monitor. Monitores de LCD são mais econômicos, ocupam menos espaço na mesa e estão ficando cada vez mais baratos. O que fazer com o antigo? Doe a instituições como o Comitê para a Democratização da Informática.
- **Utilize uma sacola para as compras**: Sacolinhas plásticas descartáveis são um dos grandes inimigos do meio-ambiente. Elas não apenas liberam gás carbônico e metano na atmosfera, como também poluem o solo e o mar. Quando for ao supermercado, leve uma sacola de feira ou suas próprias sacolinhas plásticas.
- **Plante uma árvore**: Uma árvore absorve uma tonelada de gás carbônico durante sua vida. Plante árvores no seu jardim ou inscreva-se em programas como o SOS Mata Atlântica ou Iniciativa Verde. Eu, particularmente, plantei árvores a minha vida toda. Hoje, passado uns quarenta anos da primeira árvore, é um imenso prazer observá-las.
- **Não deixe o bagageiro vazio em cima do carro**: Qualquer peso extra no carro causa aumento no consumo de combustível. Um bagageiro vazio gasta 10% a mais de combustível, em razão de seu peso e aumento da resistência do ar.
- **Mantenha seu carro regulado**: Calibre os pneus a cada quinze dias e faça uma revisão completa a cada seis meses, ou de acordo com a recomendação do fabricante. Carros regulados poluem menos. A manutenção correta de apenas 1% da frota de veículos mundial representa meia tonelada de gás carbônico a menos na atmosfera.

- **Lave o carro a seco**: Existem diversas opções de lavagem sem água, algumas até mais baratas que a tradicional, que desperdiça centenas de litros a cada lavagem. Procure no seu posto de gasolina ou no estacionamento do *shopping*. Quanto a lavar o motor, esqueça, além de danificá-lo com o tempo, não é recomendável pelas autorizadas.
- **Quando for trocar de carro, escolha um modelo menos poluente**: Apesar da dúvida sobre o álcool ser menos poluente que a gasolina ou não, existem indícios de que parte do gás carbônico emitido pela sua queima é reabsorvida pela própria cana de açúcar plantada. Carros menores e de motor 1.0 poluem menos. Em cidades como São Paulo, onde no horário de pico anda-se a 10 km/h, não faz muito sentido ter carros grandes e potentes para ficar parados nos congestionamentos.
- **Use o telefone ou a Internet**: A quantas reuniões de quinze minutos você já compareceu esse ano, para as quais teve de dirigir por quase uma hora para ir e outra para voltar? Usar o telefone ou *skype* pode poupar você de estresse, além de economizar um bom dinheiro e poupar a atmosfera.
- **Voe menos, reúna-se por videoconferência**: Reuniões por videoconferência são tão efetivas quanto às presenciais. E deixar de pegar um avião faz uma diferença significativa para a atmosfera.
- **Economize CDs e DVDs**: sem dúvida são mídias eficientes e baratas, mas você sabia que um CD leva cerca de 450 anos para se decompor e que, ao ser incinerado, ele volta como chuva ácida (como a maioria dos plásticos)? Utilize mídias regraváveis, como CDRWs, *drives* USB ou mesmo *e-mail* para carregar ou partilhar seus arquivos. Hoje em dia, são poucos arquivos que não podem ficar disponíveis virtualmente em vez de em mídias físicas.
- **Proteja as florestas**: Por anos os ambientalistas foram vistos como "ecochatos". Mas, em tempos de aquecimento global, as árvores precisam de mais defensores do que nunca. O papel delas no aquecimento global é crítico, pois mantêm a quantidade de gás carbônico controlada na atmosfera.
- **Informe-se sobre a política ambiental das empresas que você contrata**: Seja o banco onde você investe ou o fabricante do xampu que utiliza, todas as empresas deveriam ter políticas ambientais claras para seus consumidores. Ainda que a prática esteja se popularizando, muitas empresas pensam mais nos lucros e na

imagem institucional do que em ações concretas. Por isso, não olhe apenas para as ações que a empresa promove, mas também a sua margem de lucro alardeada todos os anos. Será mesmo que eles estão colaborando tanto assim?

- **Desligue o computador**: Muita gente tem o péssimo hábito de deixar o computador de casa ou da empresa ligado ininterruptamente, às vezes fazendo *downloads*, às vezes simplesmente por comodidade. Desligue o computador sempre que for ficar mais de duas horas sem utilizá-lo e o monitor por até quinze minutos.
- **No escritório, desligue o ar-condicionado uma hora antes do final do expediente**: Num período de oito horas, isso equivale a 12,5% de economia diária, o que equivale a quase um mês de economia no final do ano. Além disso, no final do expediente, a temperatura começa a ser mais amena.
- **Não permita que as crianças brinquem com água**: Banho de mangueira, guerrinha de balões de água e toda sorte de brincadeiras com água são, sem dúvida, divertidas, mas passam a equivocada ideia de que a água é um recurso infinito, justamente para aqueles que mais precisam de orientação, as crianças. Não deixe que seus filhos brinquem com água, ensine a eles o valor desse bem tão precioso.
- **No hotel, economize toalhas e lençóis**: Use o bom senso... Você realmente precisa de uma toalha nova todo dia? Em hotéis, o hóspede tem a opção de não ter as toalhas trocadas diariamente, para economizar água e energia. Trocar uma vez a cada três dias já está de bom tamanho. O mesmo vale para os lençóis.
- **Participe de ações virtuais**: A Internet é uma arma poderosa na conscientização e mobilização das pessoas. Um exemplo é o site Clickárvore, que planta árvores com a ajuda dos internautas. Informe-se e aja!
- **Instale uma válvula na sua descarga**: Instale uma válvula para regular a quantidade de água liberada no seu vaso sanitário.
- **Não peça comida para viagem**: Se você já foi até o restaurante ou à lanchonete, que tal sentar um pouco e curtir sua comida em vez de pedir para viagem? Assim, você economiza as embalagens de plástico e isopor utilizadas. Conheça a sua necessidade de alimentação antes de pedir seu prato. Se você tem o hábito de almoçar ou jantar fora com a família ou amigos, peça pratos para dividir, um número de refrigerante ou jarra de suco menores, não

tenha dúvidas sempre sobra e muito. Agora se sobrar não tem jeito, leve para casa em quentinha de alumínio.

- **Regue as plantas à noite**: Ao regar as plantas à noite ou de manhãzinha, você impede que a água se perca na evaporação e também evita choques térmicos que podem agredir suas plantas.
- **Frequente restaurantes naturais/orgânicos**: Com o aumento da consciência para a preservação ambiental, uma gama enorme de restaurantes naturais, orgânicos e vegetarianos está se espalhando pelas cidades. Ainda que você não seja vegetariano, experimente os novos sabores que essa onda verde está trazendo e assim estará incentivando o mercado de produtos orgânicos, livres de agrotóxicos e menos agressivos ao meio-ambiente.
- **Vá de escada**: Para subir até dois andares ou descer três, que tal ir de escada? Além de fazer exercício, você economiza energia elétrica dos elevadores.

CAPÍTULO 6

Economize comprando não um produto, mas sua função

Existe uma maneira não convencional de economizar na alimentação? Certamente existe. Você já deve ter se perguntado por que um sanduíche servido em um bar de praia é mais caro que o mesmo sanduíche servido em um bar no subúrbio, por exemplo. Você talvez tenha achado que é por causa do tipo de clientela. Mas nem sempre é este o caso. Ao comer o sanduíche no bar da praia, certamente apreciou a vista, o mar etc.

Isto quer dizer que aquele sanduíche proporcionou outras satisfações além do seu valor nutritivo. Você está pagando mais caro por esta satisfação a mais. Portanto, antes de comprar um produto, procure identificar as suas reais funções, na maioria das vezes, você só precisará de uma delas. E talvez este produto não seja o mais barato para atender a sua função específica.

Custo

Existe na praça certa caneta japonesa que se presta para uma enormidade de funções, tais como: indicar, medir, além de escrever, é claro. Se a função que você necessita que a caneta preencha é a de apontar em um quadro negro, por exemplo, uma vara de bambu exerceria esta função a um custo infinitamente menor.

Um produto será tanto mais caro quanto forem numericamente maiores as funções por ele preenchidas. Um produto será tanto mais barato quanto menores forem as funções por ele preenchidas.

No nosso caso particular, a alimentação, teremos de consultar um especialista para nos indicar qual a quantidade e a qualidade de proteínas, carboidratos, vitaminas etc. de que necessitamos em cada refeição. De posse desta informação, precisamos, também, saber quais os alimentos que contém estes nutrientes e então escolher os, mas baratos.

Nutrientes básicos	Produtos alternativos
Quantidades de proteínas	Peixe, frango, trigo, leite etc.
Quantidades de gorduras	Ovos, óleos, vegetais etc.
Quantidades de carboidratos	Chocolate, arroz, açúcar etc.

Neste problema hipotético, vamos supor que a necessidade de proteínas por refeição fosse de uma posta de peixe ou seu equivalente, digamos, um copo de leite. Neste caso, escolheríamos o mais barato.

Capítulo 7

Gaste menos com a dieta sem artifícios

É claro que se você ingerir menos quantidade de alimentos vai fatalmente emagrecer e economizar na alimentação. Mas se você pretende substituir alimentos de alto nível calórico por outros de baixo nível, em termos de economia as coisas são diferentes. Vamos comparar os custos de alguns alimentos alternativos.

Adoçante artificial ou açúcar refinado

Considerando o preço do adoçante, R$ 6,19 com 250 comprimidos, o preço de cada comprimido será de R$ 0,025. Um comprimido vale uma colher de açúcar das pequenas. Numa xícara de café, teremos duas vezes, portanto, R$ 0,05.

Um quilo de açúcar custa R$ 2,39 e equivale a 380 colheres das pequenas. Portanto, em média, teremos 2,39/380 o que dá um resultado de R$ 0,006. Logo, duas colheres representam R$ 0,012. Neste caso, a alimentação não emagrecedora é a barata. Isto, se levarmos em conta apenas os dados aritméticos da alimentação.

Macarrão x bife com brócolis

Para fazer meio quilo de macarrão, precisamos de: meio quilo de massa, a R$ 2,29; 150 gramas de carne moída, a R$ 1,50; meio quilo de tomate, R$ 1,50; meia cebola, R$ 0,30, uma colher de massa de tomate, R$ 0,50. O custo total sai por R$ 6,09. Considerando que meio quilo serve cinco pessoas, o custo por pessoa será de R$ 1,22.

Um molho de brócolis custa R$ 3,99; mais 100 gramas de carne por R$ 2,00; mais um dente de alho por R$ 0,16, o total por pessoa será R$ 6,15. Sem incluir os gastos em comum, tais como óleo ou manteiga, a alimentação de alto valor calórico, no caso o macarrão, foi mais barata.

Geleia dietética x geleia tradicional

Este cálculo é relativamente fácil, pois a geleia tradicional custa R$ 6,98, enquanto a dietética custa R$ 9,96 na mesma unidade, ou seja, 200 gramas. A economia com a geleia tradicional é da ordem de 70%.

Leite tradicional x leite em pó com baixa caloria

Um litro de leite tradicional custa R$ 2,50. Um pacote de leite em pó com reduzida caloria custa R$ 10,49 e equivale a quatro litros. Mais uma vez fica demonstrado que a alimentação tradicional é a que vence em termos de economia.

A comparação de uma série de alimentos assemelhados chega à mesma conclusão, ou seja, é mais vantajosa a alimentação tradicional em termos de economia.

Os valores utilizados foram coletados num mesmo dia de forma aleatória, isto é, ao acaso. Mas se esta amostra da coleta tivesse um universo maior e se a média aritmética das porcentagens das economias obtidas não distorcesse a média ponderada, poderíamos dizer que a alimentação de baixo valor calórico custa mais que o dobro da alimentação tradicional, ou que a alimentação tradicional custa aproximadamente a metade da alimentação de baixo valor calórico.

Portanto, a única possibilidade de você emagrecer e gastar menos é comer menos, o que, por sinal, de acordo com especialistas consultados, é a maneira mais natural de perder peso.

Capítulo 8

Férias sim, dívidas não

Conselhos de um especialista para usar racionalmente seu orçamento

Quem viaja de férias vive um dilema: de um lado, quer aproveitar o prazer do descompromisso, após meses e meses fazendo contas para não ficar no vermelho; de outro sabe que, sem controle nos gastos, férias podem se transformar em dividas. Nada melhor, portanto, que programar-se adequadamente, fazendo o dinheiro render mais para proporcionar momentos felizes sem preocupações futuras.

Aqui vão algumas dicas para que você possa fazer bom uso do seu orçamento:

- Antes de qualquer coisa, procurar os pacotes. Verificar bem qual a redução de taxa que oferecem e que serviços incluem.
- Utilizar as agências de viagens em idas ao exterior: os descontos podem ser muito vantajosos, em alguns casos.
- Tentar ser mais flexível quanto ao período de férias. "Nós somos todos muito rígidos, dificilmente abrimos mão de tirar férias em janeiro ou fevereiro. Não é necessário trocar a alta estação pela baixa, apenas tentar encaixar a época das férias no período para o qual está programado o pacote mais vantajoso."
- Em viagens curtas – em torno de uma semana — é melhor procurar um hotel que disponha de complexo de lazer. Isso permite descanso e divertimento sem gastos adicionais com deslocamento (é o caso de hotéis-fazenda e dos característicos hotéis de lazer à beira da praia). "Às vezes você prefere um hotel mais barato e a vantagem é apenas aparente, porque todas as possibilidades de diversão estão a quilômetros de distância. Por isso, também pode ser ilusória a economia que se faz quando se pensa em viajar para perto do Rio, porque o deslocamento é menor; é preciso, antes de tudo, ver os serviços que o hotel oferece."
- Mesmo que a família seja grande, ou que a pessoa forme um grupo numeroso para viajar, não é vantagem alugar uma casa. Não só pelo preço, como pelo trabalho que cada um vai ter num período em que o fundamental é "curtir mordomias". Numa casa alugada, as pessoas terão de cozinhar, cuidar da limpeza, lavar roupa e acabam levando para lá os problemas do dia a dia. É por isso que muitos proprietários estão vendendo suas casas de veraneio e passando as férias em hotel. Além do mais, custos de manutenção de um imóvel ocioso não compensam.

- Cuidados com as contas do hotel, pois há erros frequentes, principalmente na taxa de serviço, por vezes cobrada duplamente. Uma máquina de calcular não faz mal a ninguém.
- Procurar usufruir ao máximo dos serviços do hotel, mas evitar despesas extras, como as de lavanderia. Não utilize o telefone do hotel, use o celular.
- Perguntar o preço das coisas antes. Às vezes, um lanche sai tão caro quanto um almoço. E não ter constrangimento em levar para o hotel refrigerantes, chocolates e biscoitos – assim, evita-se maior despesa com o frigobar e garante-se a tranquilidade das crianças.
- Procurar sempre opções de lazer coletivo – a gerência do hotel costuma informar-se dos hóspedes que, por exemplo, querem fazer um passeio de barco e podem, assim, dividir a despesa do aluguel.
- Em distâncias de até 200 quilômetros, um carro é mais vantajoso do que um ônibus. Daí para a frente, é melhor o transporte coletivo – desde que o hotel ofereça lazer integrado.
- Em viagens mais longas, de avião, é bem mais vantajoso alugar um carro para os deslocamentos superiores a uma hora. Nesses casos, o táxi sai mais caro.
- Definir o orçamento com antecedência e avisar os membros do grupo sobre o valor disponível para as despesas. Evitar gastos supérfluos, como os souvenires "que todo mundo acaba jogando fora".
- Para quem tem cartão de crédito, vale a pena usá-lo (desde que se pague a conta no dia do vencimento). Esse recurso permitirá a aplicação da antecipação do salário das férias – e da provável parcela do 13º – em poupança ou em fundos de investimento, proporcionando um ganho real no fim das férias.
- A não ser para viagens longas, o melhor é desdobrar as férias, tirando quinze dias de cada vez. "Não se trata de economia, apenas é melhor para a cabeça. E, sobretudo, deve-se resistir a abrir mão de dez dias de descanso em troca de dinheiro, porque a vantagem imediata representará, quase com certeza, uma despesa no consultório médico."
- Se você pertence, entretanto, ao grupo da terceira idade não perca um instante, pois este é o grupo que melhor sabe aproveitar os descontos promocionais, sem falar nas vantagens devidas ao estatuto do idoso.

CAPÍTULO 9

O que o gestor público deve saber para diminuir seus gastos

Você deve saber antes de qualquer coisa que tanto faz administrar uma casa, uma empresa ou mesmo um país. Em essência os procedimentos básicos são os mesmos.

Muito cuidado com os subsídios, colocar o custo de um produto ou serviço em outro. Uma prática do tipo, o consumidor de gasolina paga pelo consumidor do álcool. Um preço artificialmente baixo pode levar, por exemplo, a quem dele se beneficia, a tomar outras decisões com base neste preço, o que na sua falta pode se transformar em um desastre. O responsável pela prática do subsídio pode também se meter em apuros pela simples falta de recursos que pode levá-lo, por exemplo, à emissão de moedas, tanto quanto possível os custos devem ser distribuídos equitativamente.

Outro cuidado que você deve ter é com os planos de investimento em longo prazo. Imaginem que um recém-casado ao planejar sua futura residência inclua não só os quartos de seus futuros filhos, como também dos netos etc. Várias coisas poderiam acontecer. Uma delas seria de o nosso futuro pai nem sequer ter os filhos, poderia acontecer também dos recursos do nosso personagem faltar para concluir suas obras e até para lhe proporcionar uma vida mais folgada. Se o nosso personagem fosse um Estado, este poderia emitir moeda e concluir seu plano de investimento. Ainda bem que ele não é, você não acha? Pense no futuro, mas com cautela.

O pior que pode acontecer com um bom projeto é que ele não venha a ser terminado. O prejuízo, nesse caso, será muito maior que, por exemplo, se, ao terminar, ele operar com déficit razoável.

É preciso saber se o projeto é bom ou não, e, se a resposta for não, neste caso o melhor que se faz é encerrá-lo.

Você deve se preocupar com as exportações. Algumas importações bem como empréstimos obtidos no exterior poderão ser feitos, portanto deverão ser equilibrados com as exportações. Mas não se esqueça de que para você exportar a preços competitivos deve ter um mercado interno que pelo menos pague o seu custo fixo. Vou explicar melhor: para vender pipocas em outro bairro, o ideal seria que o pipoqueiro ganhasse em seu próprio bairro o suficiente para pagar o custo do carrinho, para que o preço a ser cobrado na nova região fosse competitivo em relação aos demais concorrentes. Desta forma, o pipoqueiro só cobraria o preço do milho, dos condimentos e de seu trabalho. Fica muito difícil exportar com as empresas abaixo de sua capacidade instalada e, portanto, com poucas possibilidades de cobrir seu custo fixo. Para criar um mercado interno, você terá que investir primordialmente em saúde, educação, empregos, moradia e vestuário.

Se você der condições higiênicas e educacionais para a maioria das pessoas, estará criando um mercado cuja dinâmica própria levará a criação de necessidades tais que provavelmente extrapolarão seus objetivos iniciais.

Ao assumir sua gestão faça uma auditoria ampla não só em seus bens e direitos, mas também nas obrigações. Você deve conhecer aquele país que se envolveu em tal dívida que está a comprometer o futuro com sua própria soberania, e que talvez um procedimento já citado muito ajudasse na solução de tal problema.

Você não deve esquecer os aspectos psicológicos. Talvez considere antiquadas as atitudes de bom senso nas decisões, modéstia nos propósitos a serem perseguidos e dignidade na condução dos negócios. Mas são qualidades essenciais a um administrador que queira conter seus gastos. Pequenos gestos, como daquele governante que ao fornecer dinheiro para que um empregado lhe comprasse um comprimido para dor de cabeça e, ao ouvir do empregado que o gasto é por conta do Governo, teve a seguinte reação: – A dor de cabeça é minha e não do governo!, podem não resolver todos os problemas, mas que ajudam, ajudam.

Os outros elementos que ajudam e muito são: disciplina, austeridade, competência, credibilidade e uma enorme vontade de resolver.

Não concentre tanto as decisões a ponto de distorcer a mecânica das negociações de mercado tais como: reajustes salariais, preços de aluguéis etc., onde o número de ofertadores e consumidores é substancial. Porém, não seja tão ingênuo a ponto de achar que as "leis do mercado" vão agir em todos os segmentos onde às vezes só existe dois ofertadores para milhares de consumidores. Fique de olho nos preços de produtos e serviços de empresas ou grupos de empresas que se caracterizam por desconhecer tais "leis de mercado".

Muito cuidado com os privilégios (mordomias). Estes, além de funcionarem como elementos desmotivadores, e não ao contrário, como pensam alguns, são onerosos e expõem muito os administradores.

Nunca menospreze a força e a criatividade do trabalho em grupo. Dizem que duas cabeças pensam melhor do que uma. Amplie ao máximo que você puder a área de decisão. Delegue o trabalho, mas não se esqueça de delegar também as participações nas decisões.

E não se esqueça de que todos nós estamos no mesmo barco. Tanto podemos fazer uma excelente viagem, como podemos ir a pique. Existem passageiros de diversas categorias: 1ª classe, 2ª classe etc., mas o barco é um só.

Procure ser constante em seu relacionamento com as pessoas, as empresas etc., e isso vale principalmente em relação às regras sociais e econômicas.

O pior que você pode fazer com uma regra é modificá-la antes do término do jogo.

Não esqueça que uma boa regra que se modifica é mil vezes pior que outra, não tão boa, porém estável. Com o tempo, as pessoas se adaptam a ela, o que fatalmente a tornará ponto de referência.

A economia e as relações pessoais precisam de normas claras para conviver e progredir.

Você já imaginou o que seria de um jogo de futebol se quando o time estivesse ganhando de 2 x 0, tivesse seu regulamento mudado?

Procure aplicar o pensamento da filosofia budista em seu dia a dia: *obter o máximo de benefício com o mínimo de consumo.* Este pensamento contrasta com o do mundo ocidental, que mede a qualidade de vida pela quantidade de gasto, com indicadores como consumo *per capita* etc.

E não se esqueça de elaborar as previsões orçamentárias somente com as necessidades realmente comprovadas para cada órgão ou serviço, para evitar esta terrível tendência que temos de gastar não o necessário e, sim, o disponível.

Use e abuse das inovações tecnológicas tipo pregão eletrônico, sistema de coleta de preços superatualizados, sistema de adesão (você se juntar a outras firmas para proceder a licitação).

Capítulo 10

Torne mais prático seu dia a dia

Quem de nós já não pensou "gostaria tanto de amplificar minha vida, torná-la menos agitada...".

Pois aqui vão algumas dicas que talvez tornem sua vida mais simples e menos angustiada.

- Se você tem algum problema, há três atitudes a tomar: enfrente-o, fuja dele ou conviva com ele. Tudo o mais é bobagem, inclusive o seu aborrecimento.
- Não procure notícias ruins quando estas inexistem, pois quando ocorrem são as primeiras a nos alcançar.
- É melhor agir que reagir.
- Se você não se der ao respeito, não espere que os outros o tenham.
- Mentalize sempre seus objetivos em consequência do alcance deles. Isto evitará frustração do tipo "eu esperava muito mais" e reforçará sua ação em alcançá-lo.
- Procure realizar primeiro as tarefas que dependem só de você, depois aquelas que dependem dos outros e tente evitar ajudas.
- Sempre temos impressão que a fila que nós encontramos é mais lenta, não a troque, fique nela até o fim. Isto vale para quase tudo na vida.
- Mais importante que mudar as coisas que nos cercam é aceitar as que não podemos mudar e distinguir as duas situações.
- Se você não tem certeza de onde vai, certamente não irá a lugar nenhum.
- Na dúvida, não resolva.
- Uma ideia razoável e possível é melhor que duas ou mais ótimas, mas de difícil realização.
- Para iniciar uma discussão, certifique-se de que:
  1. O problema enfrentado tende a se eternizar.
  2. Ele é muito sério.
  3. Tem real possibilidade de êxito na sua meta.
  Caso não atenda aos três requisitos, simultaneamente, desista.
- À medida que você aumenta o espaço em sua casa, a confusão tende a diminuir. Reduza os móveis desnecessários, se possível diminua o tamanho deles, livre-se de coisas inúteis. Isto inclui documentos dos impostos após cinco anos. Contas de luz, gás, telefone etc. com mais de seis meses, roupas velhas, apetrechos de cozinha, remédios vencido etc.
- Mantenha as coisas no mesmo lugar, isto facilita a sua vida e a dos demais.

- Trabalhe sempre com uma agenda de preferência semanal. Além de prevermos os eventos futuros, permite-nos o acompanhamento e modificações criteriosas se assim forem necessárias.
- Resolva uma coisa de cada vez, concentre suas forças em objetivos sequenciais. Lembre-se dos desastres de Napoleão e Hitler quando abriram várias frentes.
- Preocupe-se primeiro com o resultado e depois com a fórmula de alcançá-lo.
- Explique sempre a seus empregados o que espera deles e o que eles podem esperar de você, não crie falsas ilusões ou desinformações.
- Estabeleça tarefas e acompanhe-as sistematicamente.
- Para realizar tarefas intelectuais, fuja dos lugares rotineiros ou simplesmente desapareça.
- Se um problema for complicado, passe para um mais simples cuja dinâmica, na maioria das vezes, ajudará na resolução do primeiro.
- Abandone a prática de papeizinhos de recado e adote cadernos, agendas, enfim, mais duráveis fáceis de manusear e confiáveis.
- Não se esqueça da famosa lei de Murphy: se algo pode sair errado, certamente sairá. Portanto, analise as possibilidades e diminua seus riscos.
- As soluções mais simples são as melhores.
- É melhor um planejamento passível de equívocos que nenhum.
- Evite mais trabalho somente para ocupar o tempo. Existe sempre uma maneira de nos tornarmos produtivos, e o mesmo funciona para aqueles que trabalham para nós.
- Naquilo que realmente conta é no que devemos concentrar nossos esforços.
- Nada é simples.
- Se você tem de realizar uma tarefa e acha que o tempo não dá, não se desespere. A maior parte das pessoas já passou por este problema e o tempo foi mais que suficiente.
- Ser eficiente é produzir bem determinado efeito. Ser eficaz é produzir o efeito desejado. Ser efetivo é produzir bem o efeito desejado.
- O que importa cada vez mais é o que você faz e cada vez menos o que você fez.
- Procure obter o maior número possível de informações para seu problema, pois o esforço na sua resolução é inversamente proporcional ao grau de conhecimento sobre ele.

Capítulo 11

Ser proficiente do desejo à prática

Toda atividade produtiva traz consigo certo grau de desperdício. A maneira como as pessoas evitam ou diminuem este desperdício, ou até mesmo reaproveitam as sobras, é uma excelente medida de eficiência. Se adotássemos aquela famosa frase "tudo se transforma nada se perde", grandes problemas da humanidade estariam resolvidos.

A simples anotação das coisas, por exemplo, dos gastos; embora seja importante, de nada resolve se não houver uma análise e decisões a partir delas, ou seja, as informações servem para agirmos sobre elas, e não como pensam alguns, que basta anotar e tudo se resolve, sem falar nos inescrupulosos que pretendem até manipulá-las.

Existe uma íntima relação entre realização de objetivos com os valores disponíveis, e não com os necessários. Aparentemente, é como se você invertesse as coisas, partindo não daquilo que você quer, e sim daquilo que você dispõe, para depois definir o que você pretende. Esta tendência é perigosa e é a marca das pessoas que jamais poderiam exercer cargos públicos, por motivos óbvios.

Quanto mais no topo da pirâmide empresarial, social etc. você se encontrar, menos condição terá de controlar os itens de maneira individualizada. Procure se ater aos grandes conjuntos, tais como, orçamento do departamento, qualidade final do produto, ou mesmo o resultado final escolar do seu filho. O inverso é também verdadeiro; quanto mais próximo da base você opera mais controle terá sobre os itens individuais. Cabe ao motorista de uma frota de veículos o controle do consumo de combustível, ou ao professor o resultado individual de seus alunos etc. Compreendendo estas premissas, você evitará, talvez, agir certo sobre o objeto errado. Lembre-se: ser eficiente é fazer o melhor, e ser eficaz é fazer melhor aquilo que realmente precisa ser feito. Reunir quem faz, quem tem as informações e quem decide é a melhor forma de se melhorar a eficácia.

É ilógico medir o *status* das pessoas pelo que elas possuem ou gastam. O correto é se medir pelo que elas obtêm de resultado com o mínimo que despendem, pois a primeira colocação é um estímulo ao desperdício. Desperdício é uma evasão do lucro, é perda de substância e em alguns casos significa a morte. Se nossa vida vai bem (empresarial, pessoal etc.) nossos gastos tendem a engordar. Só nos preocupamos com a redução dos mesmos, quando levamos uma paulada (recessão, desemprego etc.). Este estigma é um grande fator de ineficiência.

Você conhece a fábula do cavalo marinho que um dia saiu em busca do sucesso e não havia andado muito quando encontrou uma águia, à qual perguntou "– Você me vende suas asas para que eu possa acelerar o meu caminho?" Esta prontamente as vendeu ao cavalo marinho que saiu como um raio e logo encontrou outros viajantes que lhe foram vendendo apetrechos para acelerar sua viagem. Até que encontrou um tubarão que o aconselhou a entrar em sua imensa boca que o levaria mais rápido. E o nosso protagonista foi devorado. Essa breve história evidencia que, quando não se sabe com certeza como e aonde se quer chegar (o sucesso), é muito provável que não se chegue lá.

Mas podemos acrescentar algumas contribuições nesta fábula: o caminho para o sucesso pressupõe pelo menos três hipóteses: o da eficiência, o da eficácia e o da efetividade.

Ser eficiente significa produzir um efeito (produzir mais, com menos recursos). A produtividade da mão de obra aumenta quando aumentamos a produção com o mesmo número de homens-horas. Esta opção, sem dúvida tecnicamente boa, sofre o inconveniente de ser parcialmente incompleta. Por exemplo: à medida que não captamos o ganho desta produtividade em termos de lucro por um motivo de mercado (queda no preço de venda), a solução talvez fosse, em vez de aumentar a produção, diminuí-la ou até paralisá-la. Sendo, portanto, incompleta, passamos para a análise do segundo caminho para o nosso protagonista, ou seja, a eficácia.

Neste caso, o conceito se apresenta como o fato de se obter o resultado final desejado, ou seja, fazer melhor (eficiente) o que realmente tem que ser feito. Este conceito mais completo tem também suas limitações, por exemplo: uma empresa pode ser eficiente quando aumenta a produtividade, eficaz, quando gera mais lucro e os acumula. Mas, em se tratando de uma indústria altamente poluente, poderá afetar em médio e longo prazo os seus consumidores por meio de contaminações de rios etc., o que em última análise gerará dificuldades futuras. Haja visto as ações de entidades preocupadas com o meio ambiente.

Resta então para o nosso cavalo marinho o caminho da efetividade; como já vimos a eficiência associa recursos x produtos, a eficácia produtos x resultados, já a efetividade é mais abrangente, pois relaciona recursos x resultados, ou seja, é a busca do efeito positivo, a famosa relação custo/benefício.

Neste caso, o descaminhado cavalo marinho teria um roteiro mais seguro; cada centavo que iria gastar na busca do seu sucesso (objetivo) seria bem mais analisado e certamente significaria um degrau a mais em sua escalada para o sucesso, ou seja, não basta somente sabermos o que queremos, mas também como chegar lá. Aumentar as vendas de uma empresa, ou no plano pessoal o nosso salário, é um objetivo saudável, mas não a qualquer custo, ou obtendo êxitos imediatos que comprometam o objetivo final.

A técnica de efetividade sugere, ainda, por muitas vezes a não redução dos custos, e sim o aumento dos mesmos desde que os resultados finais sejam melhores. Tecnicamente é o que se chama de otimização dos custos. Vou dar um exemplo: até que ponto, ao tomarmos um *champagne* Moet Chandon para comemorar uma vitória ou mesmo superar uma derrota, o nosso ego pode neste momento abrir uma nova porta, ou seja, um novo caminho, que antes não conseguíamos enxergar? Ou um exemplo mais prosaico: estando o nosso veículo a merecer troca de pneus, valerá a pena trocar os pneus comuns por outros do tipo radial – que, embora um pouco mais caro, dura o dobro do tempo? A busca de efetividade, ou seja, do êxito correto requer três premissas que se interagem, a saber: objetivo, competência e vontade.

Primeiro, o nosso cavalo marinho deveria definir o seu objetivo, não em função somente do que ele deseja, mas também levando em consideração a sua competência ou a possibilidade de melhoria dela.

Este objetivo também tem que estar intimamente relacionado, além do conhecimento, à vontade: até que ponto estaria ele disposto a se dedicar a este projeto?

Este tema tem sido, ao longo dos séculos, o caminho percorrido por pessoas e por empresas realizadoras. E não devemos nos esquecer da íntima relação destes três elementos, ou seja, o aumento da competência durante o processo pode alterar o objetivo, e o mesmo acontece com a vontade (motivação); enfim o processo é dinâmico, mutável e o seu curso só terá êxito em uma gerência calcada na efetividade. Em suma, você vai fazer se fazendo.

CAPÍTULO 12

Como administrar seus investimentos?

Existem umas regrinhas básicas a serem seguidas pelos iniciantes na arte de economizar. A primeira delas, sem dúvida, é evitar o consumismo desenfreado. A segunda também segue um preceito simples e antigo: não colocar os ovos numa mesma cesta, procurando diversificar os investimentos. Esta regra é muito importante, maior ênfase deve ser dada à diversificação e, quanto menor for a quantia disponível, ao contrário do que se possa imaginar, mais importante é a diversificação.

Como estamos falando em pequeno investidor, podemos imaginar que a ideia de diversificação pode parecer complicada. Como dividir tão pouco? Uma boa solução seria o investimento solidário entre amigos, família e vizinhos. Você já se imaginou adquirindo um imóvel na Vieira Souto no Rio de Janeiro ou nos Jardins em São Paulo? E por que não fazê-lo em sociedade, para venda ou locação? Você teria uma fração do imóvel, mas que, em termos de valorização, se daria da mesma forma.

Bom também é destinar 50% de seus recursos em ativos em longo prazo (imóveis, ações), 30% em médio prazo (CDB, fundo de investimentos) e 20% em curto prazo (fundo de investimentos em curto prazo e poupança). Esse porcentual alto, em curto prazo, é para possibilitar a oportunidade de um bom negócio: um veículo por preço abaixo do mercado ou um terreno por preço interessante etc.

Outra regra importante é comprar sempre aos poucos, mesmo que possa comprar tudo de uma vez. Por exemplo, uma grande quantidade de ações deve ser comprada aos poucos, com um prazo de um ano. Desta forma você evita o risco de comprar na alta. Pode não ganhar em caso de baixa, mas certamente ganhará na média. O mesmo princípio é válido para a venda: vender aos poucos.

É importante fazer uma correlação com a sua idade. Quanto mais novo, maior deve ser a sua aplicação de risco (ações). Com a idade mais avançada, menos tempo teremos para recuperar alguma perda. Quanto mais idoso, mais necessitamos de renda garantida. O lado bom da questão é que não necessitamos com a idade avançada retirar somente o ganho, podemos mexer também no capital. Se o retorno mensal for, digamos de 1%, se retirarmos 2% ou 3%, se estivermos nos aproximando dos cem anos, que diferença faz?

Agora, existe uma regrinha que, se você não for *expert* em aplicações, jamais deve deixar de seguir. Não troque nunca seu investimento por outro. Deixar a caderneta de poupança por um fundo mútuo de ações, por exemplo. Você está insatisfeito com a caderneta e corre para a Bolsa porque todo mundo está ganhando rios de dinheiro lá. No momento em que você faz a mudança, a nossa "estável" economia dá uma reviravolta e você perde, sem dúvida. Aí o remédio é esperar. Mudar de novo é muito arriscado, dado a turbulência da economia mundial. Neste item, entra um conselho importante: nunca se desfaça de um investimento estável para aplicar onde quer que seja. Se o investimento que você tiver escolhido tiver esgotado todas as possibilidades de lucro, só assim deve ser feita a mudança para outro.

Aplicar é bom, mas não se deve esquecer o conforto pessoal, que também é ótimo investimento. Agora, se você não precisa dos valores de que dispõe nos próximos anos, a regra é comprar ações ou imóveis, ou, se tiver um pequeno negócio, amplie-o.

Num país em crescimento como o nosso e que deve crescer mais ainda, ampliar a produção será sempre o melhor negócio, mesmo que digam o contrário.

Não podemos desprezar os planos complementares de aposentadoria. Em que pese que na retirada estejam sujeitos a alíquotas de imposto de renda sobre a retirada, são bastante rentáveis e podem ser descontados conforme a modalidade escolhida em até 12% dos rendimentos líquidos. A ideia é reservar, digamos 5% de seus ganhos, para esses tipos de fundos.

Capítulo 13

O que você precisa saber para aplicar na Bolsa de Valores

Existem basicamente três formas de você participar desse interessante e arriscado mercado.

- **Primeiro**: Aplicar em fundo de ações. Você solicita ao gerente de seu banco ou você mesmo pode fazê-lo via Internet. A vantagem é que é simples, a desvantagem é que leva três dias para seu dinheiro ser creditado na sua conta, no caso de resgate. É importante também você saber que, normalmente, os fundos sobem menos que o índice da Bolsa, mas em compensação quando caem, também é num índice um pouco menor.
- **Segundo**: Você pode procurar uma corretora e abrir uma carteira de ações. Vai ter que se interessar pelo assunto, fazer cursos, ouvir dicas, ou seja, não é para amadores.
- **Terceiro**: Você pode aplicar diretamente na modalidade *homebroker*. Basta se cadastrar numa corretora e dispor de um computador adequado. A sensação é igual à de uma pessoa que frequenta bingo, a diferença é que na maioria dos casos no bingo você só perde e na Bolsa, desde que com os devidos cuidados, você pode ganhar e muito. Entende-se por devidos cuidados fazer cursos específicos, manter-se informado, enfim, exige uma grande dedicação.

Se você não quer ter dores de cabeça e quiser economizar na taxa de administração dos fundos, aplique no tesouro direto comprando diretamente títulos do Governo.

Aqui vai um conselho universal: comece com recursos que em curto ou médio prazos não farão falta. Esqueça a ideia de que se comprar ações de excelentes empresas e esperar dez anos com a valorização e dividendos você ficará rico, este raciocínio já era. Ações obedecem à lei de oferta e procura, leis do mercado; ou seja, só ganha quem compra na baixa e vende na alta.

Se você for uma pessoa ansiosa ou não tolerante a riscos desista, vá para fundos de renda fixa mesmo. Ações são para quem tem muita adrenalina para gastar.

Já que estamos falando em risco, não se iluda, ele faz parte de toda economia. Conheço um amigo que alugou um belo apartamento para um psicopata. Ficou sem receber, é claro, e depois de anos na justiça recebeu seu apartamento de volta sem as ferragens do banheiro, sem os lustres, com as paredes riscadas, em resumo, além de não receber os aluguéis teve de consertar o imóvel inteiro.

Capítulo 14

Saiba proteger o seu patrimônio

Você pode reduzir seu patrimônio de varias maneiras: efetuando doações, uso inadequado, tendo desperdícios ou até em razão de perda mais contundente, ou seja, por roubo.

As empresas se preparam para essa forma de sinistro por meio de mecanismos como: auditoria, serviços de segurança, colocação de dispositivos de defesa e por fim metodologia preventiva de segurança para seus principais executivos; é o que se chama mitigação dos riscos.

A auditoria procura coibir as atividades de agentes internos que se valem ou não de elementos externos, chamam isto modernamente de "mitigação do risco". Esta se dá a partir de métodos de trabalho tais como recontagem sistemática, de surpresa, dos estoques; no caso, entende-se por roupas, materiais de limpeza, joias etc. Criação e observação de padrões de consumo, isto é, calcula-se o tempo médio do consumo de uma caixa de sabão e a partir da verificação da variação desse gasto, procura-se identificar responsabilidades.

Os serviços de segurança, que, no caso de empresa, são realizados por vigias ou serviços de terceiros e, no caso de residências e prédios, são da responsabilidade de porteiros, zeladores etc. A colocação de dispositivo de segurança envolve uma parafernália que vai desde o necessário porteiro eletrônico, até a controvertida cerca elétrica, câmera de segurança; esta última você deve usar e abusar. É importante que se diga que as defesas físicas, tais como proteção perimetral, grandes trancas, cofres, não evitam o roubo, somente o retardam, assim como a defesa eletrônica apenas revela a anormalidade, porém nunca inibe a ação de malfeitores. Portanto, há necessidade de um vigia estrategicamente posicionado para que não seja rendido, ou mesmo ligações com o departamento de polícia mais próximo, o que é extremamente oneroso (somente usado por bancos ou grandes condomínios), ainda que o sistema de alarme seja ruidosamente alto e demorado, a fim de chamar a atenção dos vizinhos, ou até mesmo desencorajar os invasores.

Vale dizer que os mecanismos bloqueadores, para serem eficazes, precisam tomar do assaltante tempo necessário para que haja a revelação do ocorrido e a pronta intervenção dos agentes humanos e físicos de repressão, dependendo do que se quer proteger, desde bens à própria vida. É importante saber que o custo da defesa, bem como o ganho em segurança, quanto mais evidente, maior é a força de atração junto aos malfeitores. Por exemplo, muros altos e portões fechados, da mesma maneira que são mais defensivos que cercas vivas e portões vazados, atraem criminosos e, uma vez ocorrido o assalto, impede a visão e o auxílio por parte de terceiros. A solução deve ser encontrada no bom senso, por exemplo, muro alto de três metros e portão vazado com distância máxima de oito centímetros entre uma barra e outra na posição vertical, ou seja, você não esta descuidando ou oferecendo o seu patrimônio, mas também não está demonstrando que tem muito que guardar. Resumindo, não faça de sua residência uma fortaleza, nem clube recreativo com sócios anônimos, coloque porteiros eletrônicos, muros altos, portões de grades vazadas e eletrônicos, trancas e, em última instância, adquira um cão de guarda.

Este animal, que há séculos traz um instinto arraigado de proteção que os leva a defender bravamente as coisas e pessoas à sua volta, não tira folga, não é subornável, não se envolve em más companhias e não para de funcionar quando falta energia elétrica; o cão é um ser vivo e, portanto, imprevisível e difícil de ser subjugado pelo assaltante. Defende o dono e o seu patrimônio como fazia com sua matilha no passado. Seja o popular pastor, o nativo fila ou o secular mastino napolitano, você contará com um grande aliado na proteção do seu patrimônio. No caso do mastim napolitano, a vantagem fica por conta do fato de que sendo um cão de guarda e ataque (desde as arenas de Roma), não precisa ser treinado para este fim, basta mostrar-lhe sua área de domínio e isolá-lo de estranhos para que ele estabeleça os limites da área de guarda, bem como as pessoas de sua "Matilha". Por outro lado, o seu aspecto físico já desencoraja de vez os possíveis invasores.

Quanto à sua segurança pessoal, ela depende mais de sua discrição, cuidados e atenção nos hábitos rotineiros, muito mais do que de qualquer guarda-costas.

O ditado popular que diz: "só não se quebra o que não se tem" pode ser adaptado de seguinte forma: "só não se rouba o que não se tem ou o que não se sabe que se tem".

A partir desta premissa, não alardeie o que você tem e não mostre coisas que possam ser cobiçadas. Você já ouviu aquele conselho de que devemos usar roupa de acordo com a ocasião? Em termos de segurança, o princípio é o mesmo.

Cuidado com o que você comenta até com as pessoas de sua confiança, porque, inadvertidamente, podem vazar suas informações. Por exemplo, em uma noitada, sem querer, alguém de sua confiança pode informar a um malandro que rapidamente planeja um assalto.

Um bom preceito em segurança é que você deve passar informações falsas, tal como nas guerras, o governo procura desinformar o inimigo, passando para os espiões falsas mensagens; um bom exemplo seria do cidadão que tem um carro velho na porta de sua casa para desestimular o ladrão sobre o potencial de seu roubo, ou daquele outro cidadão que tem uma casinha de cachorro em seu quintal, porém sem nenhum cachorro.

Existem dois tipos distintos de marginais ou de ação de marginais. O primeiro é uma espécie de trombadinha ou ladrão de galinha, que rouba qualquer um que possa fornecer-lhe um mínimo de dinheiro ou objetos: carteira, pacote de feira, CD, celular, relógios etc. Trata-se de uma ação rápida e oportuna, não planejada. Para não ser surpreendido com este tipo de constrangimento, você deve:

- Não levar objetos de valor a vista, por exemplo: máquina de filmar, bolsas enormes etc.
- Ao sair de casa, observe se tem alguém plantado na redondeza; se suspeitar, espere.
- Observe com quem você está dentro de um elevador de um prédio comercial.
- Quando chegar em casa, mantenha uma distância e observe, e, vez por outra, mude o itinerário.
- Evite caminhar por ruas pouco frequentadas ou mal-iluminadas e, se o fizer, caminhe pelo meio.
- No carro, dirija com vidro fechado, evite engarrafamentos, muita atenção em sinais à noite e desconfie de fechadas ou batidas sem muitas consequências, não pare.
- Quando estiver na rua tenha a mão, longe da carteira, dinheiro para despesas comuns, jornais, ônibus, táxi etc.

Agora existem marginais ambiciosos que ficam atrás de informações em lugares públicos, colunas sociais, Internet, *sites* pessoais ou mesmo notícias personificadas a procura de sinais de riqueza. Você, neste caso, não é uma vítima ocasional, e, sim, fruto de um planejamento que chega a esmiuçar sua vida particular, assim como de seus familiares, com vistas à possibilidade de roubo. Para este tipo de ação, somente com discrição sobre sua vida e os próprios bens, assim como com os cuidados acima mencionados é que você pode ser um dos poucos felizardos, neste país, que ainda não foi assaltado.

Muito cuidado com Orkut, Facebook e similares; não se permita fotografar sua residência, principalmente em seu interior.

Capítulo 15

Você está controlando bem seus gastos?

Se você é igual a todos nós, mortais e, portanto, tem dúvidas sobre as suas habilidades na verdadeira batalha que hoje se trava no controle de gastos, responda ao questionário abaixo e conheça o seu perfil do ponto de vista da economia e, se for o caso, conheça suas falhas.

Procure responder rápido para não manipular inconscientemente as respostas e, portanto, iludir-se:

1. Você é daqueles que reduz a compra de carne que já era pouca só porque está mais cara, ou seja, não se dá ao trabalho de identificar seus verdadeiros gastos que podem ser encontrados na compra daquela cenourinha que, em razão da quantidade, é algo que realmente pesa em seu orçamento?
Sim ( ) Não ( ) Mais ou menos ( )

2. Você acompanha o período de vida de um bem durável, por exemplo, sua geladeira, preparando-se para a sua substituição e buscando oportunidades de oferta nos primeiros sinais de declínio da sua vida útil, ou seja, você sabe que realmente os bens ditos duráveis não são tão duráveis assim e que a postura do tipo deixa quebrar para depois adquirir um novo equipamento além de gerar aborrecimento é extremamente cara?
Sim ( ) Não ( ) Mais ou menos ( )

3. Suas compras de alto valor são feitas com cautela, tempo para reflexão sobre a real necessidade? Por exemplo: ao comprar um veículo, especula com amigos sobre as vantagens e as desvantagens de cada modelo, adaptando-o às suas necessidades, isto é, você não compra simplesmente o mais bonito, ou aquele produto que aparece no momento, ou coisas do gênero?
Sim ( ) Não ( ) Mais ou menos ( )

4. Você acredita na conversa do vendedor de que se hoje você não comprar, amanhã o produto faltará ou será caro demais, ou seja, você não acredita com firmeza no provérbio que diz "se uma coisa é boa hoje para você, amanhã será ainda melhor", ou ainda você não sabe que existe uma relatividade de preços que poderá até favorecê-lo em compras futuras?
Sim ( ) Não ( ) Mais ou menos ( )

5. Quando compra uma roupa, você faz uma análise descobrindo qual é a cor que mais combina com seu ego, ou até toma outros procedimentos como verificar a capacidade do seu guarda-roupa em termos de espaço útil para guardá-la, ou seja, você não é um consumidor vidrado na moda simplesmente. Seu ato de compra envolve necessariamente outros procedimentos?
Sim ( ) Não ( ) Mais ou menos ( )

6. Você questiona seus gastos, mesmo o mais convencional, de forma comparativa. Por exemplo: o que é mais barato, leite em pó ou leite pronto? Qual o melhor rendimento por copo? Ou o que é melhor, fazer a massa em casa ou comprar feita? Ou até, é melhor adquirir molho em lata ou prepará-lo de forma caseira? Enfim, você está acostumado a fazer exercícios mentais semelhantes.
Sim ( ) Não ( ) Mais ou menos ( )

7. Você, antes de ir a qualquer tipo de estabelecimento comercial (supermercado, loja de departamentos etc.), prepara com antecedência sua listinha de compras, pois acredita que de outra forma estará mais exposto não só aos apelos do *marketing* local, que invariavelmente o levaria a compras desnecessárias, como também poderia esquecer alguns itens, o que aumentaria o seu custo de locomoção ao retornar ao mesmo estabelecimento?
Sim ( ) Não ( ) Mais ou menos ( )

8. Você gosta de falar ao telefone e acha que não importa o tempo de ligação, pois o importante é dar o seu recado. Mesmo que haja ocasiões mais convenientes ou, digamos, mais apropriadas, para determinados assuntos, você continua insistindo e só se comunica por telefone?
Sim ( ) Não ( ) Mais ou menos ( )

9. Você sai com dinheiro suficiente para suas despesas, as quais não podem ser pagas com cheque, cartão de crédito ou outro qualquer expediente, a fim de não só evitar roubo, mas porque tem consciência de que normalmente nós gastamos não o que planejamos, mas o que dispomos?
Sim ( ) Não ( ) Mais ou menos ( )

10. Você é daqueles que acham que fazer orçamento e acompanhá-lo é uma maneira não só de atuar com mais eficácia como também é uma forma de conscientizar você e sua família das possibilidades de consumo de cada um?
Sim ( ) Não ( ) Mais ou menos ( )

Respostas	Sim	Não	Mais ou menos
1	(1)	(3)	(2)
2	(3)	(1)	(2)
3	(3)	(1)	(2)
4	(1)	(3)	(2)
5	(3)	(1)	(2)
6	(3)	(1)	(2)
7	(3)	(1)	(2)
8	(1)	(3)	(2)
9	(3)	(1)	(2)
10	(3)	(1)	(2)

Nossa intenção foi abordar alguns aspectos do seu trato com o dinheiro. As situações de gastos são infindáveis, escolhemos apenas dez itens como amostra, mas que, bem-resolvidos, esclarecem o seu perfil do ponto de vista do consumo.

Se você não atingir quinze pontos, considere-se muito desarmado para empreender essa difícil tarefa, procure ler e pensar a respeito, que fatalmente o seu saldo bancário devedor diminuirá.

Se você alcançou de 16 a 23 pontos, é um consumidor cauteloso e aprendeu muito com a vida. Basta agora um pouco de aperfeiçoamento. Você ainda não resolve tudo, mas também não compromete.

Se alcançou 24 pontos, pode ser considerado um privilegiado que não só pode sobreviver as crises, como até consegue tirar partido delas.

Capítulo 16

Medidas econômicas radicais para quem está no aperto

Existe um ditado popular que diz: "quem compra o que não precisa acaba vendendo o que precisa". Se você por este motivo ou outro qualquer, tais como: investiu na Bolsa na hora errada, foi deserdado seja lá por que razão e necessita sobreviver às duras penas, aqui vão uns conselhos.

CANCELE *TUDO* MESMO

Cancele terapia, massagens, aulas de dança, a assinatura da TV a cabo, da revista semanal, tudo. Depois, que passar a síndrome de abstinência e você realmente sentir falta de uma ou outra coisa, vai começando de novo, uma de cada vez, aos poucos. Ou seja, você não está cancelando, somente refazendo.

Muitos dos seus antigos gastos fixos não tinham nada de fixo, eram puro hábito, coisas que não farão a menor falta na sua vida. Por outro lado, suas prioridades ficarão mais claras: pode perceber que, sem a TV a cabo, começou a conversar mais, fazer amigos, passou a ter mais tempo livre e mais disposição, ou também pode perceber que não consegue dormir sem ver sua série predileta, vira a noite e fica um bagaço no dia seguinte. Não existe resposta certa: só você pode saber quais são as coisas sem as quais não consegue viver. Mas, pra isso, é preciso, antes, passar um tempo sem elas.

NUNCA SAIA DE CASA COM SEU CARTÃO DE DÉBITO OU CRÉDITO

Leve apenas, por segurança, o dobro de dinheiro vivo que precisaria em um dia comum. Fazendo suas compras em dinheiro, você vê as notas fisicamente saindo da sua carteira, o que torna a perda delas algo mais real e concreto. Por outro lado, compras com cheques ou cartões são virtuais, abstratas. A maioria dos *shoppings centers* não têm janelas, pois não querem que o cliente veja o tempo passar. Existem lojas nas quais devemos entrar de costas para sairmos o mais rápido possível. Comprando virtualmente, os gastos se acumulam discretamente e você, às vezes, só percebe que está quebrado quando chega ao seu limite.

Nunca, mas nunca mesmo, compre nada no impulso

Experimente a roupa, namore o livro, visualize o sofá na sua sala... e vá embora. Saia correndo da loja e não olhe pra trás. Você vai rapidamente se esquecer de quase todos seus objetos de desejo. Como dizia Lacan, não são objetos de inspiração e sim de aspiração, e quando você não cede ao impulso, talvez até pense mais tarde com alívio como foi bom você não comprar aquele objeto. Alguns, entretanto, vão continuar na sua cabeça: nesses casos, não precisa ficar sofrendo. Volte lá e compre.

Esperando um pouco, você evita as compras de impulso e paga apenas pelas coisas que realmente quer.

Transfira o ônus da ação para o ato de comprar: se realmente quiser aquele objeto, então ficará pensando nele um ou dois dias e valerá a pena o trabalho de voltar até a loja para comprá-lo. E, se não valer, é porque não valia a pena o custo também. Esqueça.

Dê um destino rápido às despesas obrigatórias

Logo que receber seu salário, pague todas as despesas, mesmo aquelas que ainda vão vencer, no mesmo mês é claro. É uma maneira de você não gastar em supérfluo e economizar para o restante do mês.

Arranje uma medida de conversão

O real é uma medida muito abstrata, uma convenção que, no fundo, como todas as moedas, não significa nada – ainda mais se você faz a maioria das suas compras virtualmente, com cheques ou cartões. Uma boa medida de conversão pode ser uma hora do seu trabalho, ou alguma coisa que você compre muito.

Por exemplo, se você ganha, em média, R$ 10,00 por hora, quando desejar determinado objeto que custa R$ 100,00, pense se vale a pena trabalhar dez horas para comprá-lo.

Outra boa medida de conversão é algo que você precise comprar sempre e que seja essencial pra você. E pense o que vale mais a pena comprar: aquele objeto de decoração ou abastecer sua despensa por uma semana.

Anote todos os seus gastos e coloque-os em uma planilha

Além de ser um hábito saudável que lhe fará pensar melhor antes de gastar, pode ser impressionante descobrir quais são as maiores fontes da sua sangria financeira. Por exemplo, perceberá que economizava como um louco, comia em maus restaurantes etc., mas acaba gastando mais nas várias padarias pra um lanche, um cafezinho, um suco etc., que nas refeições propriamente ditas. Os gastos pequenos que se acumulam acabam sendo os mais perigosos.

Capítulo 17

O que tem a ver o tamanho do seu bolso, o tamanho de seu armário, ou o tamanho da sua garagem com a sua economia?

A meu ver, tudo. Fomos acostumados a não termos medidas para nada. É uma das perversidades do sistema capitalista, ele nos induz a comprar sem parâmetros.

Quando você vai a um nutricionista por se achar ligeiramente acima de seu peso, o profissional literalmente lhe dirá que você só necessita comer o que seu corpo, digamos manequim, permite.

Com seus gastos acontece a mesma coisa, você precisa conhecer alguns limites. E quais são estes limites? O maior e mais importante parâmetro é o tamanho de seu bolso. Só podemos gastar aquilo que a duras penas conseguimos poupar. Quando você escuta aquele canto de sereia dizendo pague em sessenta vezes e leve agora etc., não se iluda, dinheiro é sempre dinheiro, e um dia você terá de pagar.

O melhor é sempre comprar à vista, e se você necessita de fato daquele produto e não tem todo o dinheiro, abata com o que você dispõe o máximo possível. Não sem antes fazer aquelas três perguntinhas:

- Eu necessito deste produto?
- Eu tenho dinheiro para tal?
- Eu tenho de comprá-lo agora?

Lembre-se: você tem de responder sim às três perguntas. Se responder positivamente somente a uma ou duas, não compre.

Agora, se você é um consumidor compulsivo, utilize pequenos parâmetros, do tipo vá perdendo peso aos poucos, e aí considere a questão do armário, da garagem ou qualquer imagem que lhe aprouver. Tal como: se não pode ir a uma academia, suba três lances de escada.

Vamos ao armário. Antes de comprar qualquer roupa, verifique se cabe em seu armário. Com o armário abarrotado de roupas, elas certamente terão de ser novamente passadas (custo da passadeira, eletricidade etc.), você vai esquecer que tem o suéter lá no fundo do armário e vai comprar novamente etc. Agora só não vale, por favor, comprar um armário maior!

Quanto à garagem, conheço alguém que, para ter dois carros, teve de alugar uma vaga de estacionamento, pois seu apartamento só dispunha de uma. Se ele tivesse a garagem como fator de limitação, pensaria duas vezes.

Enfim, este raciocínio serve para tudo, para o seu armário de louças, sapateira, e assim vai. Faça sempre esta pergunta: será que ainda cabe?

Capítulo 18

Como deve ser um orçamento participativo familiar

Quando a família cresce, é normal que se reúna para diversas atividades. As pessoas vão aos aniversários juntas, passeiam juntas, viajam juntas e por que não administrarem suas despesas juntas?

É claro que a participação de cada um vai depender da renda individual, quando houver, e da disposição pessoal de colaborar.

Vamos imaginar um casal que trabalha e tem dois filhos, um ainda estudante e outro já trabalhando.

Antes de tudo, partimos da pressuposição que a educação doméstica foi apresentada a eles desde crianças.

Os gastos, é claro, recairiam naqueles que trabalham. Os pais arcariam com, por exemplo, o aluguel, a alimentação etc. Já está na hora, porém, de o filho que trabalha pagar pelo menos seu plano de saúde, sua participação no ponto de TV a cabo e, por que não, algumas gentilezas, como um almoço fora de vez em quando.

A questão maior fica nos gastos, tendo a preocupação básica de não deixar a luz acessa sem necessidade. O mesmo vale para os pontos extras de televisão. Participar do rodízio na limpeza da casa, lavagem dos pratos e coisas afins. Lavar pratos, aliás, é uma ótima terapia, você não pensa em nada e é recomendado até pelos adeptos do budismo.

A dificuldade começa quando a filha, por exemplo, levar seu namorado para passar o final de semana com a família, como é costumeiro atualmente. Cabe a ela entender que seu namorado tem seu custo e também deverá colaborar, por exemplo, contribuindo, isto é, pagando parte da roupa sua a ser lavada, ou praticando pequenas gentilezas como comprar o pão do café da manha etc. Na verdade, funciona como o orçamento participativo de uma pequena e até grande cidade: todos participam no destino dos gastos e zelam pela manutenção dos bens públicos. É uma questão de educação.

Capítulo 19

Vale a pena possuir um automóvel?

Gosto de usar táxi. Alguns podem achar que seja um luxo, mas vamos lá. Acredito que em certas ocasiões ter um carro é que é um luxo.

Por muitos anos, eu não apenas tive um carro, mas dois. Atualmente, acho isso uma loucura. Uma das minhas primeiras medidas para quem quer economizar e mora em uma grande metrópole como Rio ou São Paulo e que não quer perder o conforto, é vender seu carro. Se trabalhar perto de casa é melhor ainda. Aliás, morar perto do trabalho não só é uma medida altamente economizante como não estressante, sem contar o ganho de tempo para fazer outras coisas. A diferença em qualidade de vida é impressionante.

Agora, se o carro para você é o lazer do final de semana ou um *hobby* que lhe agrada, tudo bem, mas fora isso, vamos lá. Comece a fazer os cálculos, manter um carro significa pagar IPVA todo ano, idem para o seguro, gastar certo valor para se defender da depreciação, colocar combustível, fazer as manutenções periódicas etc. Grosso modo estima-se que um veículo que roda cerca de 500 km por mês, que custou R$ 28 mil, tem um custo mensal médio de R$ 760,00. Estou retirando o combustível para compensar a passagem, seja de ônibus ou metrô.

Por outro lado, quando começa a fazer as contas, incorporar táxis ao seu estilo de vida é algo que faz muito sentido, além de ser econômico.

Pra começar, não há nenhum custo escondido. Quando se tem um carro no fim de semana, por exemplo, se quiser passear pela cidade, só em um estacionamento paga-se R$ 20,00. Esses custos vão se acumulando sem você notar. Com o táxi, não existem impostos, seguros, amortizações. Se você mora há uns 10 km do trabalho, gastará no máximo R$ 360,00 por mês com táxis, sem contar o final de semana é claro. Só R$ 360,00, e à vista (enquanto os gastos com o carro são parcelados, ocultos, periódicos): não apenas você verá o dinheiro do táxi fisicamente indo embora como também pode simplesmente parar de pegar táxis quando estiver mais duro. Experimente parar de pagar o seguro ou o imposto do seu carro pra ver o que acontece.

Pegando táxi, você nunca perde horas procurando vagas, parar a quilômetros de onde quer ir e andar carregando tudo nas mãos. É como ter um motorista, que lhe pega na porta e lhe deixa na porta. Também nunca existem aqueles gastos inesperados, do tipo fundir o motor na véspera da viagem e lhe forçar a gastar R$ 2 mil de uma hora pra outra ou desmarcar tudo. Táxis não são perfeitos, claro: podem lhe deixar na mão; principalmente em dias de chuva, todos querem pegar um táxi. Procure se cadastrar junto a uma cooperativa e acabará amigo de algum taxista que o atenderá prontamente. Mas carros custam muito mais e também nos deixam na mão.

Com o tempo, você acaba pegando vários macetes. Por exemplo, se for passar menos de vinte minutos na loja, vale a pena mandar o taxista esperar: o valor do taxímetro para esse tempo parado é igual ao valor inicial da corrida. Se o tempo de espera for até quarenta minutos, também vale a pena, para poupar não só o valor da ligação para a cooperativa como também o tempo de espera por um novo carro. Em dias movimentados, mais vale um táxi na mão que dois voando, ou melhor, andando.

E também há a questão do carro alugado. Uma corrida de táxi do aeroporto até minha casa, por exemplo, sai por R$ 80,00. Um aluguel de carro por um dia é quase o mesmo preço.

Por fim, realmente, há certo estigma de que táxi é coisa de gente rica. Muitas vezes, deixamos de fazer algumas coisas pra não ter que usar um táxi. Não se acanhe, faça de táxi qualquer coisa que se você tivesse carro faria.

Além disso, sempre que não estiver com pressa, não estiver chovendo ou não esteja carregando peso, vá a pé, ou de ônibus.

Dependendo do estilo de vida, pegar táxis pode ser muito mais barato que ter um carro.

Com certeza, vai aparecer algum desavisado dizendo ser óbvio que ter carros é muito melhor que pegar táxis, e eu vou responder que não, apenas concordarei ou ainda digo mais: bom mesmo é ter vários carros e um time de motoristas à disposição. Infelizmente, nem sempre é possível.

Não estou dizendo que ter carro é ruim, mas pegar táxi, por incrível que pareça e ao contrário do senso comum, pode sair bem mais barato.

CAPÍTULO 20

A vida à vista é mais fácil de ser vivida

Não caia na esparrela de que um pouco de endividamento é normal. Faz parte daquelas frases para enganar trouxas.

Só use dinheiro vivo ou cartão de débito – e olhe lá. Corte seus cartões de crédito. Jogue fora os talões de cheque. Desabilite o cheque especial da sua conta bancária. Nunca faça crediário ou financiamento.

Cheque especial

Além de ter juros altíssimos, eles são psicologicamente traiçoeiros. Se você tem um limite de R$ 4 mil no cheque especial e já está com R$ 2 mil negativos, é difícil não pensar que você ainda tem mais R$ 2 mil para gastar. Obviamente, todo mundo sabe que é o contrário, mas e daí? Assim como temos a tendência de entregar o imposto de renda no último dia ou mesmo atrasar nossas obrigações, também tendemos, ainda mais se no vermelho, a empurrar o limite do cheque especial.

Faça do pagamento da sua dívida no cheque especial a sua prioridade, e, assim que chegar a zero, peça ao seu banco para colocar sua conta do que se entende por zero total. Quando chegar a zero, zerou. Pronto. Sem cheque especial.

Aí você se pergunta: "mas e se eu tiver uma emergência?". Bem, se você tiver uma emergência e seu banco lhe daria um limite de, digamos, R$ 2 mil no cheque especial, é porque seu banco também lhe daria um empréstimo de, no mínimo, esse mesmo valor. A vantagem, naturalmente, é que agora o processo é ativo e não automático (você tem que efetivamente correr atrás do empréstimo), os juros provavelmente serão menores que os do cheque especial e você nunca vai ter aquela impressão falsa (que o cheque especial passa) de que esse dinheiro é "seu".

Agora, se você me diz que todo mês tem uma emergência que lhe faz pegar dinheiro emprestado (e o cheque especial, obviamente, é isso), eu diria que você está com seríssimos problemas e precisa mudar radicalmente seu estilo de vida. Para ontem.

Cheque

Rasgue o talão. Devolva. Peça uma conta sem talão de cheque. A não ser para compras parceladas e pré-datadas (duas coisas que você jamais deve fazer), para que serve cheque? Só para você se perder, se confundir, para ter dinheiro saindo da sua conta em dias que você não espera, para ser falsificado, sem falar no risco de ir parar no SPC por falta de fundos.

PARCELAMENTO/CREDIÁRIO

Sério. Nunca. Nunca. Se você não tem dinheiro pra comprar à vista, então é porque você não pode comprar.

Crediário é um jeito traiçoeiro de convencer que você de fato pode pagar por coisas que não pode pagar – mais claro impossível.

Quer comprar? Então faça um "crediário prévio" à moda antiga: vá economizando todo mês um pouquinho e, então, compre à vista. Melhor ainda, muitas lojas ainda dão enormes descontos para pagamentos à vista: às vezes, a diferença entre o desconto à vista e o ágio do crediário é mais da metade do preço do produto. E a Internet ainda permite que você faça pesquisas de preços pelo país todo. Aproveite.

Naturalmente, se você não conseguir economizar pra comprar sua TV LCD ou plasma (porque sempre acaba usando o dinheiro para pagar sua conta de luz que está pra vencer), então, sinto muito, é porque você realmente não pode comprar uma TV no modelo que você quer, nem se fosse parcelado. Aliás, se tivesse comprado parcelado, estaria hoje ainda mais endividado que antes. Esqueça.

DÍVIDAS

Não se deixe levar pela falsa ideia de que é normal viver endividado. Não é. Se você tem dívidas que pode pagar, deixe de gastar dinheiro em besteira e pague. Se você tem dívidas que não pode pagar, então você está à beira da falência.

Para quem deve quatro mil reais no cheque especial, é insano gastar até mesmo quatro reais comprando o jornal do dia. Quem deve R$ 4 mil no cheque especial, não tem quatro reais pra comprar o jornal do dia.

Para todos os fins práticos, você está se endividando, a juros astronômicos, para comprar esse jornal. Vale mesmo a pena se endividar para comprar um jornal? Ou para tomar um chope com os amigos? Ou para ir ao cinema?

Encare o fato: enquanto existir essa dívida no cheque especial, você, realmente, de fato, para todos os fins e efeitos, não tem dinheiro para nada. Como não pode deixar de sobreviver, acaba até sendo obrigado a se endividar ainda mais pra pagar suas contas básicas. Todo o resto, entretanto, deve ser cortado sumariamente. Quem está pagando juros exorbitantes do cheque especial é louco de gastar dinheiro em qualquer outra coisa que não seja pagar a dívida.

CENÁRIO ALTERNATIVO

Você não tem dívidas e aplica mensalmente parte de seus rendimentos, que tal?

Desta forma, você vai comprar, quando quiser comprar por um preço muito mais baixo, ou vai acumular mais recursos para se dar um prazer ainda maior e por aí vai.

Você vai dormir sossegado não tendo nenhum credor atrás de você e pode até se dar ao luxo de se aposentar mais cedo e viver de suas economias.

CAPÍTULO 21

Será que tem gente vendendo sua alma para o capitalismo?

Você já deve ter ouvido aquela história do pescador que passava todo seu dia no rio ou debaixo de uma árvore. Ao ser questionado por um estranho do porquê, respondeu: "estou feliz". O estranho retrucou: "mas trabalhando você poderia ter sua casa, seu carro etc.", e o pescador retrucou: "pra quê?" e por aí vai. Sabemos que, ao final da história, o pescador teria tudo e voltaria a pescar.

Não precisamos exagerar, mas a vida em um país capitalista é assim mesmo, você faz um pacto com o sistema, se mata de trabalhar para usufruir de vários objetos e no fim o que resta?

Ganhar pouco e ser pobre é ruim, mas começar a ganhar melhor, dependendo do seu comportamento, também pode ser perigoso.

O pobre está fora do sistema: é vítima dele, mas não interessa o suficiente para ser cooptado. O pior que o sistema pode fazer com o pobre é convencê-lo a comprar uma geladeira em sessenta parcelas.

Quando nosso pobre começa a ganhar melhor, entretanto, e começa a reunir condições para fazer parte da classe média, ele se torna subitamente uma pessoa interessante: um consumidor em potencial, um futuro correntista, um provável investidor. Esse é o momento de maior perigo, quando almas são sugadas para nunca mais voltar.

Conheço pessoas que trabalharam anos a fio em empregos medíocres, sofreram todo tipo de humilhações e aguentaram tudo estoicamente: pagaram suas contas com dificuldade, mantiveram sua dignidade, não se deixaram corromper. No entanto, bastou começarem a ganhar mais para venderem suas almas para sempre. Quando se entra nesse círculo vicioso, é quase impossível sair.

Funciona mais ou menos assim:

- **Primeira fase**: você encontra seu primeiro emprego, que beleza. Tudo é alegria, alguém acha que você vale alguma coisa. É o começo de sua vida profissional.
- **Segunda fase**: da demanda reprimida; aumenta o consumo de todas aquelas coisas que não podia comprar quando ainda não tinha o trabalho. Seus gastos fixos crescem: prestação do carro, aluguel de apartamento maior, TV a cabo, plano de previdência privada etc. Sobe seu padrão de vida.
- **Terceira fase**: por desconhecimento, por uma emergência, endivida-se pela primeira vez. Mas tudo bem, você paga até o final do ano.
- **Quarta fase**: percebe subitamente que necessita manter aquele emprego, senão não conseguirá pagar suas prestações, que a esta altura são muitas; a previdência, as parcelas da viagem do ano

passado etc. Pensa nos seus gastos mensais antes do emprego e simplesmente não consegue entender como sobrevivia com tão pouco. Vida com menos de cem canais de televisão não é vida!

- **Quinta fase**: trabalha ainda mais duro para não perder o emprego. Fica estressado de tanto trabalhar, de tanto se preocupar, de tanto ter medo. Começa a tomar remédios. Mais e mais cabelos brancos.
- **Sexta fase**: cansado física e emocionalmente, consome ainda mais DVDs de séries minimamente duvidosas, livros que não vai ler nunca, qualquer coisa pra descansar sua cabeça e desacelerar seus nervos, de modo que possa acordar no dia seguinte capaz de trabalhar mais 15 horas. Ou então livros sobre seu trabalho, *quem mexeu no queijo do meu chefe*, *inglês pra executivos apressados*, para se tornar ainda mais eficiente e não ser demitido. Já não tem mais tempo livre, pois todo o seu tempo, mesmo quando não está no trabalho, gira em torno do trabalho.
- **Sétima fase**: de tanto consumir sem controle, suas dívidas crescem espalhadas por tantos lugares que nem dá para acompanhar. Graças ao seu bom salário, o banco lhe deu um limite gigantesco para o cheque especial, que você achou que jamais atingiria, e fica chocado ao atingir. Mal sabe quantos pré-datados faltam pra cair, ou quantos pagamentos parcelados ainda vão bater no cartão de crédito. E a prestação do carro, meu Deus? Arrepende-se de pagar durante dez meses por uma viagem de cinco dias que nem foi tão legal assim, mas todo mundo do escritório estava indo, você não poderia ficar para trás. A cada compra, você se pergunta: "qual é o melhor cartão de crédito pra usar? Qual é mesmo o dia do vencimento?".
- **Oitava fase**: desespero no trabalho, horas extras, puxação de saco desenfreada. A economia está em crise, se for despedido agora é o fim de tudo. É tudo ou nada. Mais e mais remédios
- **Nona fase**: as dívidas crescem; tenta pegar um empréstimo rápido em uma financeira e descobre que seu nome está sujo por causa de um cheque pré-datado que nem lembra mais para quem foi. Sem esse empréstimo, a financeira vai tomar seu carro e você vai perder tudo o que gastou nas prestações. E como vai chegar ao trabalho sem carro? Seu bairro de rico não tem serviço de transporte público decente. Com que cara vai ficar na empresa se souberem que não tem carro? É o fim de tudo etc.

E assim continua. E nós sabemos como será o final.

Não se desespere! Conheço muita gente que ganha pouco e tem uma qualidade de vida razoável. E mais, há pessoas que ganham, por exemplo, R$ 100 mil ao ano e tem uma qualidade de vida muito superior a de quem, às vezes, ganha o dobro.

Qual o segredo? O segredo está no estilo de vida escolhido, da compreensão de como funciona o capitalismo, na ambição controlada e, principalmente, na criação de hábitos saudáveis desde crianças. O homem é um ser que vive aprendendo; aprende a andar, a sentar, a conversar, a cuidar da saúde, por que não pode aprender a cuidar da sua saúde financeira?

Capítulo 22

A redução de gastos

Monte sua matriz de custos e economize

Apesar de as sugestões a seguir destinarem-se a futuros executivos de empresas, na prática é possível fazer uma analogia entre a economia doméstica e a empresarial, visto que, em última análise, esta não é muito diferente daquela.

O que é?

É importante termos consciência de nossos gastos muitas vezes repetitivos e orientados por hábitos criados no passado, embora desvinculados da realidade atual. Ou seja, é comum a uma família preservar padrões alimentares do passado, até por motivos econômicos, que, nos dias de hoje, não se justificam mais.

Para descobrir estes e outros detalhes um primeiro passo pode ser a montagem de matriz de custos, que nada mais é do que uma relação de itens de gastos com valores mensais, com o porcentual equivalente a cada item dentro do todo. Ainda que simples, tabelinhas como estas acabam caindo no esquecimento e perdendo sua importância nas épocas de abundâncias.

Cuidados

Montar a matriz de custos para a economia doméstica exige cuidados tão especiais como os adotados pelas empresas, de forma a evitar distorções numa análise mais longa. O item "alimentação", por exemplo, deverá ser separado em uma segunda tabela por subgrupo como: carne, verdura, laticínios, bebidas, frutas, por causa da grande diferença dos valores de cada um. Além disso, se a matriz for mensal, as compras de ocasião (Natal, aniversários etc.) deverão ser diluídas nos doze meses do ano. Caso contrário, o consumidor terá uma noção errada de seus gastos em consequência de um determinado mês que apresente algum evento extra.

Depois de elaborada a matriz, quantificados os porcentuais de cada item, o próximo passo é analisar e resolver onde mudar.

- Mas a inflação não é como dizem, linear para todo o mundo, e irá respeitar o padrão de gastos de cada pessoa. Ou seja, para alguns, reduzir os gastos com gasolina pode ser significativo, enquanto para outros esta despesa pode representar um peso muito pequeno no cômputo total.

Sugestões

A seguir, algumas sugestões básicas para se economizar. Antes de partir para os cortes, no entanto, é bom pensarmos em algumas questões que podem nos auxiliar:

1. Definir onde quer cortar os gastos.
2. Relacionar as alternativas naturais para os hábitos encarecedores.
3. Trocar experiência com outros grupos.

Importante: Tenha cuidado com as substituições que mudam o comportamento. As mudanças exigem tempo, substituição gradativa e de preferência um estímulo a mais, pois, caso contrário, a tentativa de buscar novas opções poderá falhar. Um exemplo é o caso de uma família que, seguindo antigo hábito, faz uma determinada comida todos os domingos. Mas, depois de ter descoberto que hoje não é tão barata quanto no passado, quer mudar. Em casos como este é que se deve procurar trocar gradativamente e escolher uma comida que satisfaça tanto quanto a substituída.

Alternativas

Se o problema detectado na matriz de custos é com o item moradia, o locatário tem algumas alternativas para resolvê-lo ou minimizá-lo. Uma boa ideia é tentar renegociar a dívida com o proprietário ou morar num bairro menos nobre. Neste caso, é importante fazer uma análise conjugada de custos, pois a mudança poderá representar gastos adicionais com transportes o que não compensará. E, para os proprietários, a sugestão é trocá-lo por um mais modesto.

Para economizar com alimentação, é bom lembrar que sempre que possível deve-se comer em casa, pois uma refeição em restaurante sai de três a quatro vezes mais caro. Voltar para a alimentação básica e dispensar o supérfluo, em geral caríssimo e muitas vezes substituído na cozinha doméstica, é sua outra dica. Outra providência é sair com o dinheiro certo, sem cheques e a lista preparada para as compras. E ter um *freezer*, que economiza tempo e dinheiro.

Quanto às despesas com vestuário, deve-se analisar a relação custo *versus* durabilidade. Ou melhor, deve-se fugir do barato que acaba amanhã, do modismo, das etiquetas, e aproveitar tudo, na medida do possível. Para economizar com transporte, não há muitas saídas além das conhecidas: transporte coletivo, deixar um pouco de lado o carro e utilizar mais ônibus e metrô. É bom lembrar, no entanto, que, em cada caso, o gasto de determinado item tem peso diferente. Portanto, é fundamental fazer uma análise conjugada dos gastos.

Matriz de custo

Elementos	Valor (R$)	%
Aluguel	78,12	25
Alimentação	62,50	20
Carro	39,06	12,5
Mesada das crianças	15,62	5
Empregado	31,24	10
Diversão	31,24	10
Vestuário	31,24	10
Gasolina	15,62	5
Diversos	7,80	2,5

Fonte: Jornal do Brasil – 9/1/83

Obs.: A tabela acima é apenas um exemplo de como deve ser organizada uma matriz, seus itens principais, valores e porcentual indicando o peso de cada um.

Administre sua casa como uma empresa

Sua casa bem gerenciada, como uma empresa. Com orçamento, controle de gastos... Tudo muito bem planejado. Uma ótima maneira de economizar. O dinheiro que sobrar, você aplica ou aproveita para realizar um velho sonho. É só uma questão de economia doméstica, sem precisar fazer conta no lápis.

Os gastos estão muito ligados ao comportamento. Tem tudo a ver com os hábitos alimentares, de consumo, de lazer da família. Por isso, não existe uma receita única para todo mundo. Cada caso é um caso.

Para começar, faça um histórico dos seus gastos. Mas vale lembrar que este levantamento não deve ser de valores, e sim de quantidades. Não basta estudar o que vocês gastaram durante o mês passado. Faça uma análise dos hábitos da família durante o ano que passou, por exemplo. Assim, você terá uma noção geral do que consome normalmente, sem levar em conta despesas isoladas.

Depois de descobrir onde vocês realmente gastam, prepare a sua matriz de custos. Multiplique a quantidade do seu consumo pelo preço atual de cada coisa. Se fizer isso, você vai começar a ter uma noção e saber para onde está indo a maior parte do seu dinheiro.

Como numa empresa, que administra suas despesas de acordo com o que realmente pesa para ela, todo o seu esforço deve estar concentrado em cima do que você gasta mais. Não adianta, por exemplo, deixar de almoçar em restaurante, se vocês fazem isso poucas vezes no ano. Este corte não representaria nenhuma redução efetiva no seu orçamento.

Procure novas alternativas. Se seu maior problema é transporte, por exemplo, então as medidas têm de ser drásticas. Quem anda de táxi todos os dias deve sair em busca de outras opções. Muitas vezes, vale morar perto do trabalho, apesar de o aluguel ser mais caro. É preciso estudar todas as possibilidades.

Já se o problema está na área dos supérfluos, como roupas ou lazer, tudo pode se resolver com uma boa conversa com o resto da família.

Tempo vale ouro. Portanto, quanto melhor você organizar suas atividades, mais vantagens terá. Hoje em dia, não se justifica sair de casa para resolver alguma coisa sem antes ter a certeza de que vai conseguir. Além disso, sempre que for a algum lugar, procure agrupar tudo que tem que fazer por perto. Assim, você economiza tempo e dinheiro.

Dica: É bom ter em mente o dia de amanhã. Antes de dormir, planeje o dia seguinte, para que seu tempo renda mais.

A situação financeira esta difícil para todo mundo. Tente esticar seu salário. Antes de comprar qualquer coisa, pesquise os preços em várias lojas e pechinche. Fique de olho nas promoções. Quem sabe você consegue uma grande vantagem, mesmo que para isto precise mudar um pouquinho os seus planos.

(Revista Desfile • Agosto/87)

Por último, pense assim: você tem um baú cheiro de moedas – é o seu patrimônio – e, sempre que você fizer uma compra desnecessária, seu baú ficará mais vazio. Vale à pena?

CTP, Impressão e Acabamento
IBEP Gráfica